つぶつぶ雑穀
パスタ

野菜＋雑穀のおいしさが味わえる驚きのパスタソース術

大谷ゆみこ

学陽書房

はじめに

　雑穀と野菜を組み合わせると、不思議！挽肉を使わずに、本格ミートソースが作れます。卵を使わずに、カルボナーラソースも作れます。チーズがなくても、コクのあるイタリアンテイストのパスタバリエーションが楽しめます。

　つぶつぶ雑穀ソースをからめたパスタは、どれも日本人の味覚にフィットする、後味のすっきりしたおいしさをもっています。味もボリュームも栄養バランスも満点のつぶつぶ流雑穀パスタを楽しんで、グルメ食生活と健康を同時に手に入れる大作戦、あなたも始めてみませんか。

　麺好きの私が選んだオーガニックパスタや、イタリアンパスタ感覚からアジアンヌードルなど多彩に活用できる日本の麺たちと、つぶつぶソースのハーモニーを紹介します。

　そして、意外と簡単な小麦粉に雑穀粉を合わせて作る手打ちパスタ術も伝授します。香り高く、栄養価も数倍アップのおいしいパスタが、自在に作れて、感動です。

CONTENTS

- 3 はじめに
- 6 自由な発想で雑穀と麺のおいしさを楽しむつぶつぶ流パスタ！
- 8 つぶつぶ流 基本の麺のゆで方
- 9 つぶつぶ雑穀パスタに使う植物油
- 10 雑穀の紹介

つぶつぶ雑穀パスタ①
高キビ・もちキビ・もちアワ 編

- 12 高キビボロネーゼ
- 14 高キビミートソース
- 16 高キビエスニックソースそば
- 17 高キビプッタネスカ
- 18 高キビ麻婆豆腐そうめん
- 20 高キビ麻婆ナス麺
- 21 冷やし麻婆ビーフン
- 22 高キビナス味噌スパゲッティ
- 24 森の高キビ味噌 on 揚げビーフン
- 26 もちキビコーンのカルボナーラ
- 28 もちキビコーンの具だくさんカルボナーラ
- 29 もちキビコーンのスープパスタ
- 30 もちキビ粒マヨソースのサラダ麺
- 32 もちキビ大根のペペロンソーススパゲッティ
- 33 もちキビそうめんチャンプルー
- 34 アワココカレーマカロニ
- 36 もちアワチーズバリエーションパスタ2種
  モッツァレラチーズ風トマトスパゲッティ＆
  もちアワチーズクリームのパスタ
- 38 もちアワチーズのラタトゥイユパスタ
- 40 COLUMN 1
  つぶつぶ流 簡単ヘルシー イタリアンおかず①

つぶつぶ雑穀パスタ②
ヒエ・アマランサス・キヌア・黒米 編

- 42 ヒエ粉のホワイトクリームパスタ
- 44 野菜のヒエクリーム煮パスタ
- 45 ヒエ粉のトマトクリームパスタ
- 46 ヒエのレンコンビアンコ＆ヒエのポテトジェノベーゼ
- 48 ヒエタブーリのサラダパスタ
- 49 ヒエと高野フレークのパスタ
- 50 ヒエとキノコとゴボウフレークのスパゲッティ
- 51 ヒエ＆エゴマそうめん
- 52 ニューイングランド風ヒエのチャウダーパスタ
- 54 和風アマランサスパスタ
- 56 アマランサスオイキムチのせ韓国風そば
- 58 キヌアのペスカトーレ
- 59 キヌアとレンコンの薬膳パスタ
- 60 黒米黒ごまスパゲッティ
- 62 **COLUMN 2**
  つぶつぶ流 簡単ヘルシー イタリアンおかず②

つぶつぶ雑穀パスタ 応用編

- 64 高キビボロネーゼのクレープグラタン
- 66 高キビボロネーゼのラザニア
- 67 高キビエスニックソースで野菜カバブ
- 68 もちキビコーンのグラタン
  もちキビコーンのコロッケ
- 70 つぶつぶラビオリ
- 71 ヒエのファラフェル
- 72 **COLUMN 3**
  つぶつぶ流 簡単ヘルシー イタリアンおかず③
- 74 意外と簡単！ つぶつぶ流 手打ち雑穀パスタ
- 76 つぶつぶ雑穀パスタがおいしく作れる
  おすすめ素材
- 77 つぶつぶ Information
- 78 おわりに

●本書で使用している計量の単位
1カップ……200cc　1合……180cc　大さじ1……15cc　小さじ1……5cc

・本書レシピ中で「植物油」および「油」とあるのは、すべて菜種油7：ごま油3の割合で混ぜたもののことです。
・本書のいくつかのレシピにおいて、パスタおよび麺類の分量（2人分）に対して、パスタソースのできあがりの量が4人分または4〜5人分となっているものがあります。これは、作りやすく、おいしく仕上がりやすい分量であることと、残ったソースがそのままパンのディップやごはんのおかずとしてもおいしく食べられ、また、応用編への活用も楽しんでいただきたいことによります。

自由な発想で雑穀と麺の
おいしさを楽しむ
つぶつぶ流パスタ！

　日本人は世界でも無類の麺好き民族。そば、うどん、ラーメンだけでなく、世界各国の多彩な麺を日々の食事の中で楽しんでいます。とくに近年は、イタリアンパスタの人気がますます高まっています。

　パスタは日本語の麺に当たる言葉。今でこそ多彩な本格パスタがどこでも楽しめるようになりましたが、日本に最初に紹介されたのは硬質小麦で作られたスパゲッティ、ついでマカロニでした。パスタという言葉自体も、ずっと遅れてやってきました。

　もともと、麺は、日本人の大好きなラーメンの発祥地である中国の生まれです。シルクロードを通ってイタリアに伝わり、イタリア特有の小麦粉で腰の強いスパゲッティが生まれ、マカロニをはじめとするさまざまな形のパスタが生まれたのです。シルクロードの秘境やインドでは、突き出し式の細麺を蒸して食べる習慣があります。また、韓国の冷麺は、そばが主原料の突き出し式麺です。アジア各地では、いろいろな種類の米の麺が生まれました。そして、日本ではのばして切るうどん、そばが伝統的なごちそう料理として食べられてきたのです。そうめんは、ラーメンのようにヒモ状にのばした麺をどんどん引きのばして作られます。

　本書では、多種多様な麺の中から、個性の異なるオーガニック麺を自由な発想でセレクトしてみました。つぶつぶ流イタリアンソースをからめると、ボリュームも味わいも満点のつぶつぶ雑穀パスタが生まれます！　まずは、ここでご紹介した麺にこだわらずに、お気に入りの麺とつぶつぶ雑穀パスタソースを合わせて、そのおいしさを楽しんでみてください。

個性派のパスタ＆麺
セレクション❻

パスタはグルテン質（たんぱく質）の多い超強力の硬質小麦粉で、うどん、そうめんはグルテン質の少なめの中力小麦粉で作られます。扱いやすくて日本人の味覚に合う、食感のバラエティに富んだオーガニックパスタ＆麺をセレクトしました。

❶ スパゲッティ
細いひもという意味の、直径2mm弱（太さはさまざま）の断面が円形の長いパスタ。ガラス質の硬いデュラム小麦粉で作られていて、シコシコと歯切れのいいおいしさが特徴。

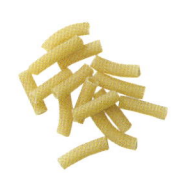

❷ マカロニ
穴あきパスタのこと。穴をあけたことによる弾力のある食感が魅力。ソースがたっぷりからんで食べやすいので、どろっとした濃い雑穀ソースが合う。

❸ 明日葉麺
生命力の強い明日葉を粉にして練り込んだ、葉緑素いっぱいの香り高い翡翠色の麺。ほうれん草入りフェットチーネ風にクリームソースに合う。

❹ 田舎そば
そばはイタリアンはもちろんのこと、韓国風やアジアン、そして和風などと、どんな雑穀ソースにも合う。北イタリアにはピッツォッケリというそば粉のパスタがある。

❺ そうめん
小麦粉に塩と水を練り込んで、ごま油などの植物油を塗り、細く引きのばして乾燥、熟成させて作られる細麺。極細パスタのフェデリーニ感覚で活用できる。つるりとした喉ごしのうまさが楽しめる麺。

❻ 玄米ビーフン
突き出し製法の米の極細麺。アジアンヌードルの定番。イタリアンパスタには、カッペリーニ（別名「天使の髪の毛」）とよばれるスープや冷製に使うもっとも細い麺がある。

基本の麺のゆで方

1人分の麺の量は、乾麺で80gが目安です。メインの食事にするなら100〜120g用意します。ゆであがると、だいたい2倍になります。また、ビーフンは1玉40gで充分1人前となります。
＊メーカーや種類によってゆで方やゆで時間が異なる場合もあるので注意。

パスタはたっぷりのお湯に塩を加えてゆでる
パスタ160gに対して ▶ 水1.5リットル＋自然塩大さじ1
＊イタリアンパスタは塩を加えてゆで、それ以外の麺は塩を入れずにゆでます。

パスタはそのままお湯をきってソースをからめる
A ゆでたてをすぐにソースで和える
B ゆであげて油をからめておく
＊日本の麺は塩を加えない熱湯でゆで、原則、水にとって洗います。
＊ゆであげて水をきると、ふんわりしたやわらかめのおいしさが楽しめます。

スパゲッティ＆マカロニ

A 塩を入れた熱湯で8分を目安にゆで、ソースと和える。
B お湯をきって、菜種油かオリーブ油大さじ1をからめる。

明日葉麺

A ❶熱湯で3分ゆでる。
　❷ゆであがったら水をきり、菜種油大さじ2と自然塩小さじ1/6をからめる。
B ❶熱湯で4分ゆでる。
　❷ゆであがったら冷水にとって洗い、水をきる。熱湯に通してあたためて、器に盛る。

田舎そば

❶熱湯で3〜4分ゆでる。
❷ゆであがったら冷水にとって洗い、水をきる。熱湯に通してあたためて、器に盛る。

そうめん (基本：150g＝1把50g×3)

A ❶熱湯で2分ゆでる。
　❷ゆであがったら冷水にとって洗い、水をきる。小さじ2の菜種油をからめる。
B ❶熱湯で2分ゆでる。
　❷ゆであがったら冷水にとって洗い、水をきる。熱湯に通してあたためて、器に盛る。

玄米ビーフン (基本：80g＝1玉40g×2)

❶熱湯1リットルに植物油小さじ1を入れ、ビーフン2玉を入れてフタをし、1分おく。
❷水をきって、フタつきの容器に入れて、10分以上蒸らす。こうすることで、伸びず、くっつかず、おいしさが持続します。
＊揚げビーフンにするときは、戻さずにハサミで5〜10cmの長さに切り、1回に1玉の1/10位の量を高温に熱した油で揚げる。

つぶつぶ雑穀パスタに使う植物油

現代食に決定的に不足している必須脂肪酸が、α-リノレン酸です。
α-リノレン酸は、脳神経細胞の発達や免疫機能の発育に欠かせない栄養素で、
ガン細胞が増えるのを防いだり、うつの症状を和らげる働きが期待できます。
毎日使う油は、α-リノレン酸を多く含む菜種油を選び、
適度に脂肪分を補給することが、免疫力の高い体と若々しい細胞をつくる基本となります。

基本は

つぶつぶ流ブレンド植物油　　　　　菜種油7：ごま油3
つぶつぶ流イタリアンブレンド植物油　菜種油1～2：オリーブ油1

＊レシピ中に菜種油、植物油（油）とあるものを、好みでつぶつぶ流ブレンド油のどちらかに使い分けてみましょう。

○ 油の選び方

伝統の技術で搾った無添加の国産植物油を選びましょう。「圧搾搾り」と書いてあります。
オリーブ油は、もともと乾燥した温暖気候の地中海地方で育つものなので、本来、温暖湿潤な日本の気候のもとで生活する日本人の体質には合いません。また、α-リノレン酸をほとんど含んでいないので、風味を楽しむためのアクセントとして使うにとどめます。

○ 油の種類

菜種油

2種類の必須脂肪酸や微量栄養素をバランスよく含むナッツ風味のおいしい油です。オリーブ油に混ぜると、よりバランスのとれたまろやかなおいしいイタリアンが楽しめます。

ごま油

薬効成分が多く、抗酸化成分も豊富なおいしい油です。菜種油にブレンドすると酸化しにくくなり、細胞を錆びさせずに若返らせる効果が期待できます。

オリーブ油

香りが強いので、少量でも充分にイタリアンテイストが楽しめます。小豆島の国産有機オリーブ油かオーガニックのエキストラバージン（圧搾搾り無添加）オリーブ油がおすすめです。

＊体の中で合成されないため食物から摂取しなければならない油が必須脂肪酸です。じつは、2種類しかありません。リノール酸とα-リノレン酸です。そして、その2つのバランスで体を調整しています。ところが、現代食はα-リノレン酸不足で、リノール酸過剰というアンバランスに陥っています。それが、アレルギーやさまざまな疾病の原因になっているといわれます。α-リノレン酸の補給が健康の鍵です。α-リノレン酸は、よぶんな脂肪を分解し、血液をサラサラにし、傷が治りやすくなるなどの働きが期待でき、ダイエットや美肌にはなくてはならない存在です。

雑穀の紹介

野生の生命力を残した雑穀には、小麦粉や米にはない栄養素が含まれています。パスタソースに雑穀を使うことで、栄養バランスがしっかりとれて、粉食への偏りも防げます。

高キビ

挽肉の色、味、食感が楽しめるアフリカ生まれのもち種の雑穀。臭みがなく、肉よりおいしいと感じる人も多い。食物繊維が豊富でマグネシウム、鉄分に富む。

もちキビ

卵の色と味わいが楽しめるユーラシア大陸全域で食べられてきた雑穀。黄色い色は体のサビを防ぐ抗酸化成分で、悪玉コレステロールを抑える働きもあるといわれる。

もちアワ

とろけるチーズの食感と風味が楽しめる雑穀。ビタミンとミネラルのバランスがよく、貧血を予防しておっぱいの出をよくすると言い伝えられてきた。

ヒエ

クスクスや粉チーズの食感が楽しめる雑穀。たんぱく質や脂質の多い、うま味の濃い雑穀。鉄分、亜鉛、マンガン、必須脂肪酸、食物繊維に富む。

アマランサス

たらこの食感とうま味をもつ南米インカ帝国の主食だった雑穀。プチプチと透明に炊きあがった小さな粒は、たんぱく質や脂質、食物繊維の宝庫。

キヌア

透き通った黄金色、キャビアのような食感が楽しめるアンデス生まれの雑穀。

黒米

餅米の祖先といわれている黒い玄米。繊維に富んでいて、弾力と独特の風味がある。色は紫で、アントシアニンというポリフェノールの仲間の抗酸化成分。

ヒエ粉

ベシャメルソースの素として活用できるミルキーな風味の雑穀粉。ヒエには鉄分が多く、貧血を防ぎ、体を芯からあたためて丈夫にする働きが期待できる。

つぶつぶ雑穀パスタ ①

高キビ・もちキビ・もちアワ 編

**挽肉、卵、チーズの食感が楽しめる
つぶつぶ流・雑穀パスタソースいろいろ**

まずは、気に入ったレシピのソースをたっぷり1点作り、麺を変えて楽しんでみてください。食感、細さ、色、風味が異なる個性的な麺とソースの組み合わせを変えるだけでも、感動のおいしさがつぎつぎに楽しめます。
残ったつぶつぶソースは、それだけでもおいしく食べられ、パンのディップに、ごはんのトッピングにと大活躍します。

挽肉とトマトで作る
ボローニャ生まれのミートソースを高キビで！

高キビボロネーゼ

材料
[ソース：できあがりの量＝約700g・4人分]
- 高キビ……1/2カップ
- トマト……800g
- タマネギ……100g
- 大根……100g
- バジル……2枚
- 植物油……小さじ2
- 自然塩……小さじ1/8＋小さじ1/2強
- しょう油……大さじ2

スパゲッティ……160g（2人分）

作り方

① 高キビは洗って水をきる。トマトはタテに8等分して、それぞれ半分に切る。タマネギは6mm角の薄切りにする。大根は皮つきのまま5mm角に切る。

② 圧力鍋に油を熱し、①のタマネギを入れて大きく混ぜる。表面に油がまわったら、さらに大根を加えてさっと混ぜ、塩小さじ1/8を加える。

③ ②に①の水をきった高キビを入れてひと混ぜする。トマトを入れて塩小さじ1/2強を加えて大きく混ぜる。ちぎったバジルをのせ、フタをして強火にかける。

④ 蒸気が上がってきたら、一呼吸おいておもりをのせる。おもりが勢いよく回ったら、30秒ほど待ってから、おもりが少し動く程度の弱火にして15分炊く。火からおろして10分蒸らす。

⑤ おもりを外してフタをあけ、しょう油を加えて、ときどき混ぜながら、中火で20分くらいとろみがでるまで煮こむ。

⑥ ゆであがった熱々のスパゲッティを器に盛り、ソースの半量をかける。

基本の高キビソース＋キャロットソースで作るトマトなしミートソース
高キビミートソース

材料
［基本の高キビソース：できあがりの量＝約450g・4人分］
高キビ……1/2カップ
タマネギ……100g
大根……100g　　　　キャロットソース＊……1/2カップ
ニンジン……100g　　しょう油……大さじ1
植物油……大さじ1と1/2　イタリアンパセリ……適量
自然塩……小さじ1/2　明日葉麺……160g（2人分）
水……1カップ　　　　菜種油……大さじ2
昆布……5cm角　　　　自然塩……小さじ1/6

作り方
❶ 基本の高キビソースを作る。高キビは洗ってザルにあげる。タマネギは6mm角の薄切りにする。大根とニンジンは皮つきのまま5mm角に切る。
❷ 圧力鍋に油を熱し、①のタマネギを入れてさっと混ぜて表面に油がまわったら、さらに、大根、ニンジン、高キビを順に加えて、同じように手早く混ぜる。塩小さじ1/2、水1カップ、昆布を入れて、フタをして強火にかける。

❸ 蒸気が上がってきたら、一呼吸おいておもりをのせる。おもりが勢いよく回ったら、30秒ほど待ってからおもりが少し動く程度の弱火にして15分炊く。火からおろして10分蒸らす。

-------------------- ここまでが基本の高キビソースの作り方 --------------------

❹ おもりを外してフタをあけ、③にキャロットソースとしょう油を加えて、混ぜながら煮込む。
❺ たっぷりの熱湯で明日葉麺をゆで、お湯をきって菜種油と塩小さじ1/6をからめる。
❻ ⑤の明日葉麺を器に盛り、④の高キビミートソースの半量をかけてイタリアンパセリを飾る。

＊ キャロットソース

材料
ニンジン……500g　　梅酢……大さじ3
自然塩……小さじ1＋小さじ1と1/3

作り方
❶ ニンジンは皮ごと4等分くらいに切って、塩小さじ1をまぶし、蒸し器でやわらかくなるまで蒸す。蒸し時間の目安は20～30分。
❷ フードプロセッサーで①をマッシュするか、裏ごしして、塩小さじ1と1/3と梅酢を入れてよく混ぜる。

基本の高キビソース＋しょう油とごまペーストで作るコクのあるアジアンソース

高キビエスニックソースそば

材料（2人分）
基本の高キビソース（P14）……1/2量
長ネギ（白い部分）……40g
生姜の搾り汁（またはみじん切り）……小さじ1/2
純米酒……大さじ1
しょう油……大さじ1と1/2
白ごまペースト……大さじ1（10g）
自然塩……適量
田舎そば……160g（2人分）

作り方
❶ 基本の高キビソースに酒、しょう油、白ごまペースト、生姜の搾り汁を加えて、混ぜながら煮込み、高キビエスニックソースを作る。
❷ 長ネギは斜めに1cmの厚さに切る。フライパンで素焼きして、塩をふる。
❸ 田舎そばはゆであがったら、冷水で洗って水をきる。
❹ 鍋に湯を沸騰させて❸のそばをあたため、湯をきって器に盛る。❶のソースをかけ、❷の長ネギを飾る。

＊ 倍量を作る場合は、基本の高キビソースを作るときに、最初に生姜のみじん切りを軽く炒めて作ってもいいです。

娼婦のパスタという名前のナポリ名物辛口パスタをつぶつぶ流で

高キビプッタネスカ

材料（2人分）
基本の高キビソース（P14）……1/2量
トマト……200g
ニンニクのみじん切り……小さじ2/3
赤唐辛子のみじん切り……小さじ1/2
豆味噌……7g
オリーブ油……大さじ2
黒オリーブの塩漬け……5粒
バジル……適量
マカロニ……160g（2人分）

作り方

❶ トマトは一口大のざく切りにする。黒オリーブの塩漬けは種を取って半分に切る。

❷ 鍋にオリーブ油とニンニクのみじん切りを入れて中弱火にかける。色がつき始めて香りがしてきたら、赤唐辛子のみじん切りと❶のトマトを入れてさっと混ぜ、全体に油がまわったら豆味噌をのせ、フタをして弱火で5分煮る。

❸ ❷に基本の高キビソースと❶の黒オリーブの塩漬けを加えて、5分煮込む。

❹ ゆであがった熱々のマカロニに❸のソースをかけて、バジルを飾る。

細〜いそうめんにコクのある麻婆ソースがからんだ絶品中華パスタ
高キビ麻婆豆腐そうめん

> 高キビで作る
> 国際的ポピュラー挽肉料理、
> 高キビ麻婆ソース

材料
[基本の高キビ麻婆ソース：できあがりの量＝約470g・4人分]

- 高キビ……1/2カップ
- 大根……100g
- ニンジン……100g
- 長ネギ……100g
- 干しシイタケ……5枚
- 生姜のみじん切り……小さじ1
- ごま油……大さじ1と1/2
- 自然塩……小さじ1/8
- 水……1カップ（干しシイタケの戻し汁）＋1/2カップ
- 昆布……5cm角
- 赤唐辛子……1/4本
- 純米酒……大さじ2
- 麦味噌……大さじ2
- しょう油……大さじ1と1/2

- 木綿豆腐……1/2個
- シイタケ……40g
- 葉ネギ……適量
- そうめん……100g（2人分）

作り方
❶ 基本の高キビ麻婆ソースを作る。高キビは洗って水をきる。長ネギはタテ半分に切って8㎜の小口切りにする。大根とニンジンは皮ごと5㎜角のみじん切りにし、戻した干しシイタケは8㎜角に切る。赤唐辛子はみじん切りにする。

❷ 圧力鍋にごま油を熱して生姜のみじん切りを炒め、❶の長ネギ、大根、ニンジン、シイタケの順に入れて、さっと炒める。

❸ ❷に❶の水をきった高キビを入れてひと混ぜし、水1カップ、昆布、塩を加えて、フタをして強火にかける。蒸気が上がってきたら、一呼吸おいてからおもりをのせる。おもりが勢いよく回り始めたら、30秒ほど待って、おもりが少し動く程度の弱火にして15分炊く。火からおろして10分蒸らす。

❹ おもりを外し、フタをあけて水1/2カップ、❶の赤唐辛子、酒、麦味噌、しょう油を入れて煮込む。昆布は取り出す。

-------- ここまでが基本の高キビ麻婆ソースの作り方 --------

❺ 木綿豆腐はさいの目に切る。鍋に湯を沸かして中弱火にし、豆腐が崩れないように入れてあたためる。芯まであたたまったら、取り出して水をきる。シイタケは6〜8等分の放射状に切る（大きいものなら16等分の放射状に切る）。

❻ 基本の高キビ麻婆ソースの半量に❺のシイタケと豆腐を入れ、火にかけてソースをあたためる。

❼ ゆでて冷水にとったそうめんを熱湯に通してあたため、器に盛る。

❽ ❼に❻のソースをかけ、小口切りにした葉ネギを散らす。

＊ 肉厚で大きめのシイタケを使うのが、おいしさの決め手です。

＊ ❹で取り出した昆布は、千切りなどにして別のおかずに活用できます。

翡翠色、ソフトな食感の明日葉麺と
麻婆ソースの絶妙コンビネーション
高キビ麻婆ナス麺

材料（2人分）
基本の高キビ麻婆ソース（P18）……1/2量
ナス……1本
長ネギ（白い部分）……1本
揚げ油（植物油）……適量
自然塩……適量
明日葉麺……160g（2人分）

作り方
❶ ナスはヘタのヒラヒラしたよぶんな部分だけ切り、ヘタを残したままタテ半分に切って、皮の表面に斜め格子状の切れ目を入れる。長ネギは5cmの長さの千切りする。
❷ ❶のナスを素揚げして、軽く塩をふる。ナスは油の表面に浮いてくるので、箸で押さえながら揚げる。触ってスポンジのようになったらOK（約1分半）。
❸ ゆでて冷水にとった明日葉麺を、熱湯に通してあたためて器に盛る。❶の千切りした長ネギと❷の揚げナスをのせて、基本の高キビ麻婆ソースをかける。

Point

ナスは箸で軽くはさんで、弾力があり、へこむようになったらできあがり。

前菜にもメインディッシュにもなる
さわやかリッチな一品
冷やし麻婆ビーフン

▼

材料（2人分）
基本の高キビ麻婆ソース（P18）……1/2量
キュウリ……2本
赤パプリカ・黄パプリカ
　……各1/2個（合わせて正味120g）
玄米ビーフン……80g（40g×2玉・2人分）
植物油……小さじ1

作り方
❶ キュウリとパプリカは細い千切りにする。
❷ 熱湯1リットルに油を入れ、玄米ビーフンを入れてフタをし、1分おく。水をきって、フタつきの容器に入れて10分以上蒸らす。
❸ ②の玄米ビーフンに①の黄パプリカ、キュウリ、赤パプリカを並べて飾り、基本の高キビ麻婆ソースを添える。

夏バテ知らずの体をつくる日本のナス味噌とスパゲッティは意外にベストマッチ！
高キビナス味噌スパゲッティ

材料(2人分)
炊いた高キビ＊……1/2量(150g)
ナス……300g
生姜……4g
自然塩……小さじ1/2
麦味噌……40g(水大さじ4で溶く)
植物油……大さじ2＋大さじ2
水……1/4カップ
イタリアンパセリ……適量
スパゲッティ……160g(2人分)

作り方
1. 麦味噌は水大さじ4で溶く。
2. ナスは1cm位のサイコロ状に切る。生姜は皮ごと千切りにする。
3. フライパンに油大さじ2を熱して②の生姜をさっと炒め、さらにナスと塩を入れ、全体に油がまわったら、水1/4カップを加えてフタをし、中火で煮る。
4. ③の水分がなくなったら、ナスを端に寄せて、油大さじ2を入れ、炊いた高キビを入れて、炒める。
5. ①の水溶き麦味噌をまわしかけ、さらに炒める。
6. ゆであがった熱々のスパゲッティに⑤をかけ、イタリアンパセリを飾る。

＊ 高キビ・基本の炊き方

材料(炊きあがりの量＝約300g)
高キビ……1カップ
水……1カップ
自然塩……小さじ1/4

1. 高キビは洗ってザルにあげ、水をきる。
2. 圧力鍋に①と分量の水と塩を入れ、強火にかける。蒸気が上がってきたら、一呼吸おいてからおもりをのせる。おもりが回り始めたら、30秒ほど待って、おもりが少し動く程度の弱火にして10分炊く。
3. 火からおろして10分蒸らしたら、フタをあけて大きく混ぜ、風を入れる。

揚げビーフンの食感と味噌風味のソースのコンビネーションが新鮮
森の高キビ味噌 on 揚げビーフン

材料（2人分）
炊いた高キビ（P22）……1/3量（100g）
ブロッコリー……200g
シメジ……150g
ニンニク……8g
麦味噌……20g（水大さじ4で溶く）
自然塩……小さじ3/4
菜種油……大さじ2
オリーブ油……大さじ2
| 玄米ビーフン……40g（1玉）
| 揚げ油（植物油）……適量

作り方
① 麦味噌は水大さじ4で溶く。玄米ビーフンは3cmの長さにハサミで切る。
② ブロッコリーは小さい房に分けて、かためにゆでる。シメジは石づきを取ってほぐす。ニンニクはみじん切りにする。
③ フライパンに菜種油、②のニンニクを入れて火にかける。ニンニクの香りがしてきたらシメジを入れて炒める。さらに、ブロッコリーも加え、塩を入れてさっと炒める。
④ ③にオリーブ油を加えて、炊いた高キビを入れて、さらに炒める。
⑤ ④に①の水溶き麦味噌を加え、炒め合わせる。
⑥ ①の玄米ビーフンを高温の油で少量ずつ素揚げして（P8参照）、器に盛り、⑤をかける。

Point

ビーフンを油に入れたら、一瞬で白くふくらむ温度が目安です。揚げる温度が低いと針金みたいになり、かたくて食べられなくなります。

ミルキーなコクのつぶつぶ流カルボナーラは卵もチーズも使わない
もちキビコーンのカルボナーラ

材料

[基本のもちキビコーン：できあがりの量＝約450g・4人分]

- もちキビ……1/2カップ
- タマネギ……200g
- ゆでたコーン（粒→缶のものでもOK）……100g
- 自然塩……小さじ1/2
- 昆布……5cm角
- 水……1カップ
- 植物油……小さじ1

もちキビで作る卵風味のシンプルソースの素は簡単で応用自在

- 菜種油……大さじ1
- 水……1カップ
- 自然塩……小さじ1/2
- イタリアンパセリ……適量
- スパゲッティ……160g（2人分）

作り方

❶ 基本のもちキビコーンを作る。もちキビは洗って目の細かいザルにあげ、水をきる。タマネギは8mm角に切る。

❷ 鍋に油を熱して❶のタマネギをさっと炒め、ゆでたコーンを加えて混ぜる。

❸ ❷に水1カップと昆布を入れて煮立ったら、❶のもちキビと塩小さじ1/2を入れて、強火で混ぜながら煮る。全体がなじんで鍋底が見えるようになったら、フタをして弱火で20分炊く（クッキングマットを敷くと便利）。

❹ 炊きあがったら火からおろして10分蒸らし、木べらでさっくり混ぜ、風を入れる。

------------ ここまでが基本のもちキビコーンの作り方 ------------

❺ フライパンに菜種油を熱し、基本のもちキビコーンの1/2量を入れて、油が全体にまわるように混ぜる。

❻ ❺に水1カップと塩小さじ1/2を加え、混ぜながら煮込んでとろりとゆるめ、もちキビコーンのカルボナーラソースを作る。

❼ ゆであがった熱々のスパゲッティに❻のカルボナーラソースを2/3量からめて盛りつけ、さらに残りのソースをかけて、イタリアンパセリを飾る。

＊ 粗挽き黒粒こしょうをかけると、本来の炭焼き職人風という意味の本格カルボナーラになります。

白ワインとニンニク風味の板麩ベーコンが決め手のリッチカルボナーラ
もちキビコーンの具だくさんカルボナーラ

材料（2人分）
基本のもちキビコーン（P26）……1/2量
インゲン……60g
自然塩……小さじ1/5＋小さじ1/2
菜種油……大さじ1
オリーブ油……小さじ1
水（スパゲッティのゆで汁）……1カップ
板麩ベーコン（P62）……1枚分
スパゲッティ……160g（2人分）

作り方
❶ インゲンは斜めに切る。フライパンに菜種油とオリーブ油を熱してインゲンを炒め、塩小さじ1/5をふる。
❷ ①のフライパンに基本のもちキビコーンを入れ、水（スパゲッティのゆで汁）1カップ、塩小さじ1/2を加えて混ぜる。ソースの半量を別に取り分けておく。
❸ ②のフライパンのソースをあたため、半量の板麩ベーコンを加えて混ぜ、ゆであがった熱々のスパゲッティを加えてソースをからめる。
❹ 器に盛りつけ、②で取り分けておいたソースをかけ、残り半量の板麩ベーコンを散らす。

同じ材料とは思えない新鮮テイストのスープにはそばヌードルがぴったり
もちキビコーンのスープパスタ

材料(2人分)
基本のもちキビコーン(P26)……全量
水……4カップ
干しシメジ……8g
自然塩……小さじ2
しょう油……小さじ2
田舎そば……160g(2人分)

作り方
❶ ボウルに分量の水と干しシメジを入れ、干しシメジがやわらかくなったら、房がまとまったものは裂いてボウルに戻す。鍋に移し入れ、火にかけ、沸騰したら火を止めて、塩を加える。
❷ ①に基本のもちキビコーンとしょう油を加えてよく混ぜ、火にかけて煮込み、カルボナーラスープを作る。
❸ ゆでて冷水にとって洗った田舎そばは、熱湯に通してあたため、器に盛り、②のスープをかける。

炊きたてのもちキビと梅酢で作る粒マヨネーズはまろやかにおいしい
もちキビ粒マヨソースのサラダ麺

材料（2人分）
炊いたもちキビ＊……1/6量（60g）
ごま油……大さじ3
梅酢……大さじ1
タマネギ……60g
キュウリ……60g
トマト……70g
レタス……適量
｜明日葉麺……100g（2人分）
｜菜種油……小さじ2/3

作り方
❶ 明日葉麺はゆでて冷水で洗い、ザルにあげて菜種油をまぶしておく。
❷ ごま油と梅酢を混ぜてドレッシングを作り、炊きたて（冷めたもちキビは蒸し直す）のもちキビを加えてよく混ぜ合わせ、もちキビ粒マヨソースを作る。
❸ タマネギは繊維に直角に薄く切り、冷水に5分つけてザルにあげる。キュウリは薄い小口切りにする。トマトは一口大に切る。レタスは適当な大きさにちぎる。
❹ 器にレタスを敷き、❶の明日葉麺と❸の野菜を盛って、❷のもちキビ粒マヨソースをかける。

＊もちキビ・基本の炊き方

材料（炊きあがりの量＝約360g）
もちキビ……1カップ
水……1と1/2カップ
自然塩……小さじ1/4

❶ もちキビは洗って目の細かいザルにあげ、水をきる。
❷ 鍋に分量の水を入れて火にかけ、沸騰したら塩と❶のもちキビを入れ、木べらでよく混ぜながら強火で煮る。
❸ もったりとして鍋底が見えてきたら、フタをして弱火で15分炊く。
❹ 炊きあがったら火からおろして10分蒸らし、木べらでさっくり混ぜ、風を入れる。

同じ材料とは思えない新鮮テイストのスープにはそばヌードルがぴったり
もちキビコーンのスープパスタ

材料(2人分)
基本のもちキビコーン(P26)……全量
水……4カップ
干しシメジ……8g
自然塩……小さじ2
しょう油……小さじ2
田舎そば……160g(2人分)

作り方
❶ ボウルに分量の水と干しシメジを入れ、干しシメジがやわらかくなったら、房がまとまったものは裂いてボウルに戻す。鍋に移し入れ、火にかけ、沸騰したら火を止めて、塩を加える。
❷ ①に基本のもちキビコーンとしょう油を加えてよく混ぜ、火にかけて煮込み、カルボナーラスープを作る。
❸ ゆでて冷水にとって洗った田舎そばは、熱湯に通してあたため、器に盛り、②のスープをかける。

炊きたてのもちキビと梅酢で作る粒マヨネーズはまろやかにおいしい
もちキビ粒マヨソースのサラダ麺

材料（2人分）
炊いたもちキビ＊……1/6量（60g）
ごま油……大さじ3
梅酢……大さじ1
タマネギ……60g
キュウリ……60g
トマト……70g
レタス……適量
| 明日葉麺……100g（2人分）
| 菜種油……小さじ2/3

作り方
❶ 明日葉麺はゆでて冷水で洗い、ザルにあげて菜種油をまぶしておく。
❷ ごま油と梅酢を混ぜてドレッシングを作り、炊きたて（冷めたもちキビは蒸し直す）のもちキビを加えてよく混ぜ合わせ、もちキビ粒マヨソースを作る。
❸ タマネギは繊維に直角に薄く切り、冷水に5分つけてザルにあげる。キュウリは薄い小口切りにする。トマトは一口大に切る。レタスは適当な大きさにちぎる。
❹ 器にレタスを敷き、❶の明日葉麺と❸の野菜を盛って、❷のもちキビ粒マヨソースをかける。

＊もちキビ・基本の炊き方

材料（炊きあがりの量＝約360g）
もちキビ……1カップ
水……1と1/2カップ
自然塩……小さじ1/4

❶ もちキビは洗って目の細かいザルにあげ、水をきる。
❷ 鍋に分量の水を入れて火にかけ、沸騰したら塩と❶のもちキビを入れ、木べらでよく混ぜながら強火で煮る。
❸ もったりとして鍋底が見えてきたら、フタをして弱火で15分炊く。
❹ 炊きあがったら火からおろして10分蒸らし、木べらでさっくり混ぜ、風を入れる。

うま味を吸った大根の透明感ある白い削片がもちキビに映えてうまい！
もちキビ大根のペペロンソーススパゲッティ

材料(2人分)
炊いたもちキビ(P30)
　……1/3量(120g)
大根……200g
シメジ……70g
ニンニク……1片
赤唐辛子……1/2本
自然塩……小さじ1
水……1/2カップ
ごま油……小さじ1と1/2
スパゲッティ……160g(2人分)

作り方
① 大根は皮ごとタテ半分に切って、1％の塩(分量外)を入れた熱湯でやわらかくなるまでゆでる(水2と1/2カップに塩小さじ1で1％)。
② ①の大根をスプーンで皮が薄く残るまでくり抜いて、150g取り分ける(残った皮の部分は、ほかの料理に利用する)。
③ フライパンにごま油とみじん切りにしたニンニクを入れて火にかける。ニンニクの香りがしてきたら、②のくり抜いた大根、ほぐしたシメジ、みじん切りにした赤唐辛子を入れ、中火で炒めて塩を加える。
④ ③に炊いたもちキビと分量の水を加えて、混ぜながら水分がなくなるまで炒める。
⑤ ゆであがった熱々のスパゲッティに④のソースをかける。

ふわふわ卵のかわりに、ふわふわもっちりのもちキビでチャンプルー
もちキビそうめんチャンプルー

材料(2人分)
炊いたもちキビ(P30)……1/2量(180g)
長ネギ……140g
ニンジン……20g
油揚げ……1と1/2枚
自然塩……小さじ1＋小さじ1/3
純米酒……大さじ2
白たまり(なければしょう油)……小さじ2
水……1/2カップ
植物油……大さじ1
七味唐辛子……適量
　そうめん……100g(2人分)
　菜種油……小さじ2/3

作り方
① そうめんは熱湯で2分ゆで、冷水にとって洗い、水をきって菜種油をまぶす。
② 長ネギは厚さ1cmの斜め切りにする。ニンジンは皮ごと斜め薄切りにしたものを5mm幅に切る。油揚げは1cm幅に切る。
③ フライパンに油を熱して②の長ネギ、ニンジンを炒めて、塩小さじ1をふる。さらに油揚げ、酒、白たまりを加えて炒める。
④ ③に炊いたもちキビ、塩小さじ1/3、分量の水を入れて強火で炒め、混ぜる。
⑤ ④に①のそうめんを加えて炒め合わせる。好みで七味唐辛子をふる。

ココナッツ風味の本格タイカレーをつぶつぶ流にアレンジ
アワココカレーマカロニ

材料
［アワココカレー：約4〜5人分］
　もちアワ……1/2カップ
　タマネギ……1個
　トマト……2個
　ピーマン……2個
　ニンニク……1片
　赤唐辛子……3本
　白たまり（なければしょう油）……小さじ1/2
　自然塩……小さじ2
　水……3カップ
　昆布……5cm角
　ごま油……大さじ2＋小さじ1
　ココナッツミルク……1/2カップ
マカロニ……160g（2人分）

作り方
① もちアワは洗って目の細かいザルにあげ、水をきる。タマネギは半分をみじん切りに、半分を薄いまわし切りにする。トマト1個はみじん切りに、もう1個はざく切りにする。ピーマンは千切りに、赤唐辛子はみじん切りに、ニンニクはすりおろす。

② 鍋にごま油大さじ2と①のすりおろしたニンニクを入れて火にかける。ニンニクの香りがしてきたら、さらに①のみじん切りタマネギを入れる。キツネ色になって油がしみてくるまで炒め、白たまりを加える。

③ ②に①の赤唐辛子とトマトのみじん切りを順に加え、弱火でとろりとするまで炒める。

④ ごま油小さじ1を③に加え、①のまわし切りのタマネギ、ピーマンを入れて炒め、分量の水と昆布を入れる。煮立ったら洗ったもちアワを入れ、フタをしてときどきかき混ぜながら、中弱火で20〜30分煮る。

⑤ ココナッツミルク、①のざく切りのトマト、塩を入れ、弱火で5分煮る。

⑥ ゆであがった熱々のマカロニに⑤の半量をかける。

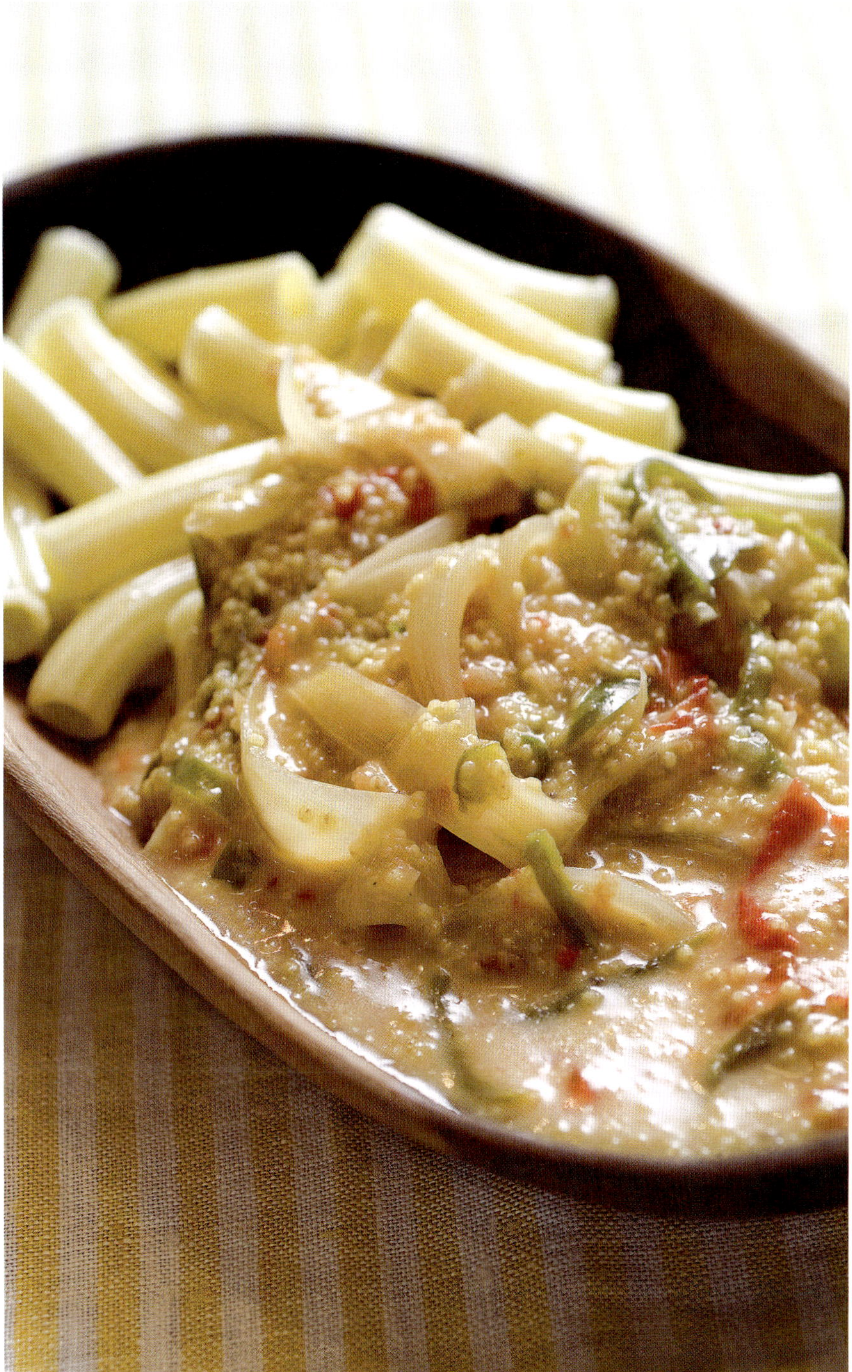

もちアワチーズバリエーションパスタ2種

ミニトマトともちアワを混ぜると
モッツァレラチーズ風のソースに

モッツァレラチーズ風
トマトスパゲッティ

もちアワと豆乳で作るクリームチーズと
蒸しキャベツのコンビネーションが新鮮

もちアワ
チーズクリームのパスタ

材料（2人分）
もちアワチーズ＊……1/3量（約180g）
ミニトマト……150g
自然塩……小さじ1/2
熱湯……大さじ1
バジル……適量
| スパゲッティ……160g（2人分）
| オリーブ油・菜種油……各小さじ2

作り方
❶ もちアワチーズに分量の熱湯を加えてやわらかくする。
❷ ミニトマトはヘタを取り、半分に切って塩をまぶす。
❸ ❶のもちアワチーズに❷のミニトマトを混ぜる。
❹ ゆであがった熱々のスパゲッティに合わせておいたオリーブ油と菜種油をまぶして器に盛り、❸をかけてバジルを散らす。

材料（1人分）
もちアワチーズ＊……1/4量（140g）
キャベツ……80g
豆乳……60cc
自然塩……小さじ1/2
| 明日葉麺……80g（1人分）
| 菜種油……大さじ1
| 自然塩……ひとつまみ

作り方
❶ キャベツは7mm幅のリボン状に切って、蒸気の上がった蒸し器で7分蒸す。
❷ 鍋にもちアワチーズ、豆乳、塩小さじ1/2を入れて火にかけ、混ぜながら中弱火であたためる。
❸ ゆでて菜種油と塩ひとつまみをからめた明日葉麺に❶のキャベツをのせ、❷のソースをかける。

✤ もちアワチーズ・基本の炊き方

材料（炊きあがりの量＝約560g）
もちアワ……1カップ
水……3カップ
自然塩……小さじ1/2＋小さじ1

❶ もちアワは洗って目の細かいザルにあげ、水をきる。
❷ 鍋に分量の水を沸騰させ、塩小さじ1/2と❶のもちアワを入れて、木べらでよく混ぜながら強火で煮る。
❸ もちアワが水を充分に吸って、木べらの跡がスジになって残るようになったら、フタをしてとろ火で15分炊く。
❹ 炊きあがったら火からおろして塩小さじ1を加え、さっと混ぜ、フタをして10分蒸らす。

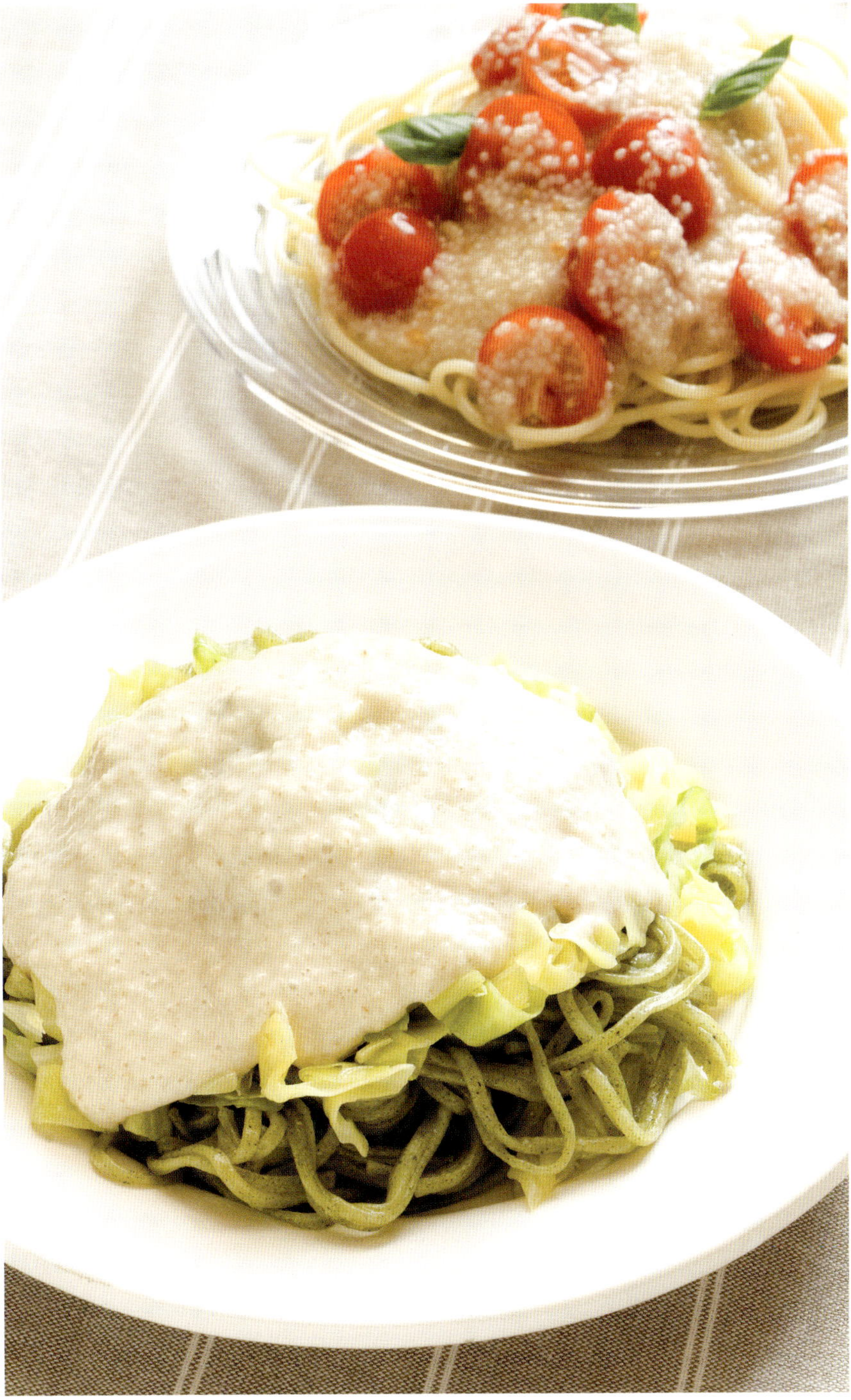

手打ちリングパスタにラタトゥイユととろけるもちアワチーズをからめて
もちアワチーズのラタトゥイユパスタ

材料（1人分）
もちアワチーズ（P36）……40g
ラタトゥイユ＊……1/2量（200g）
熱湯……大さじ2
黒オリーブの塩漬け……適量
ヒエ粉のリングパスタ（P75）……12～16個

作り方
❶ もちアワチーズに分量の熱湯を加え、ゆるめながら弱火であたためる。
❷ ラタトゥイユはあたため、ゆでたてのヒエ粉のリングパスタを入れてからめる。
❸ ②を器に盛りつけ、①のもちアワチーズをかけて、黒オリーブの塩漬けを飾る。
＊ 熱々でも、冷たくてもおいしいです。

＊ラタトゥイユ

材料（できあがりの量＝約400g）
キュウリ……1本
ニンニク……1/2片
ナス……1本
トマト……1個
タマネギ……1/2個
オリーブ油（または菜種油）
　　……大さじ1と1/2
純米酒（または白ワイン）……大さじ1
自然塩……小さじ1
昆布……5cm角
月桂樹の葉……1枚
麦味噌……小さじ1

作り方
❶ キュウリは大きめの乱切り、ニンニクはみじん切り、ナスとトマトはキュウリと同じくらいの乱切り、タマネギは一口大に切る。
❷ 鍋にオリーブ油と①のニンニクを入れて、中火にかけ、香りがしてきたら、さらにタマネギ、ナス、トマト、キュウリの順にさっと炒め、酒と塩をふり入れて、昆布と月桂樹の葉を加え、麦味噌を上にのせて、フタをしてそのまま強火で煮る。
❸ 沸騰したら中弱火にして20分煮込む。最後に大きくかき混ぜて、さらに1～2分煮込んでできあがり。
＊ キュウリのかわりにズッキーニでもOKです。

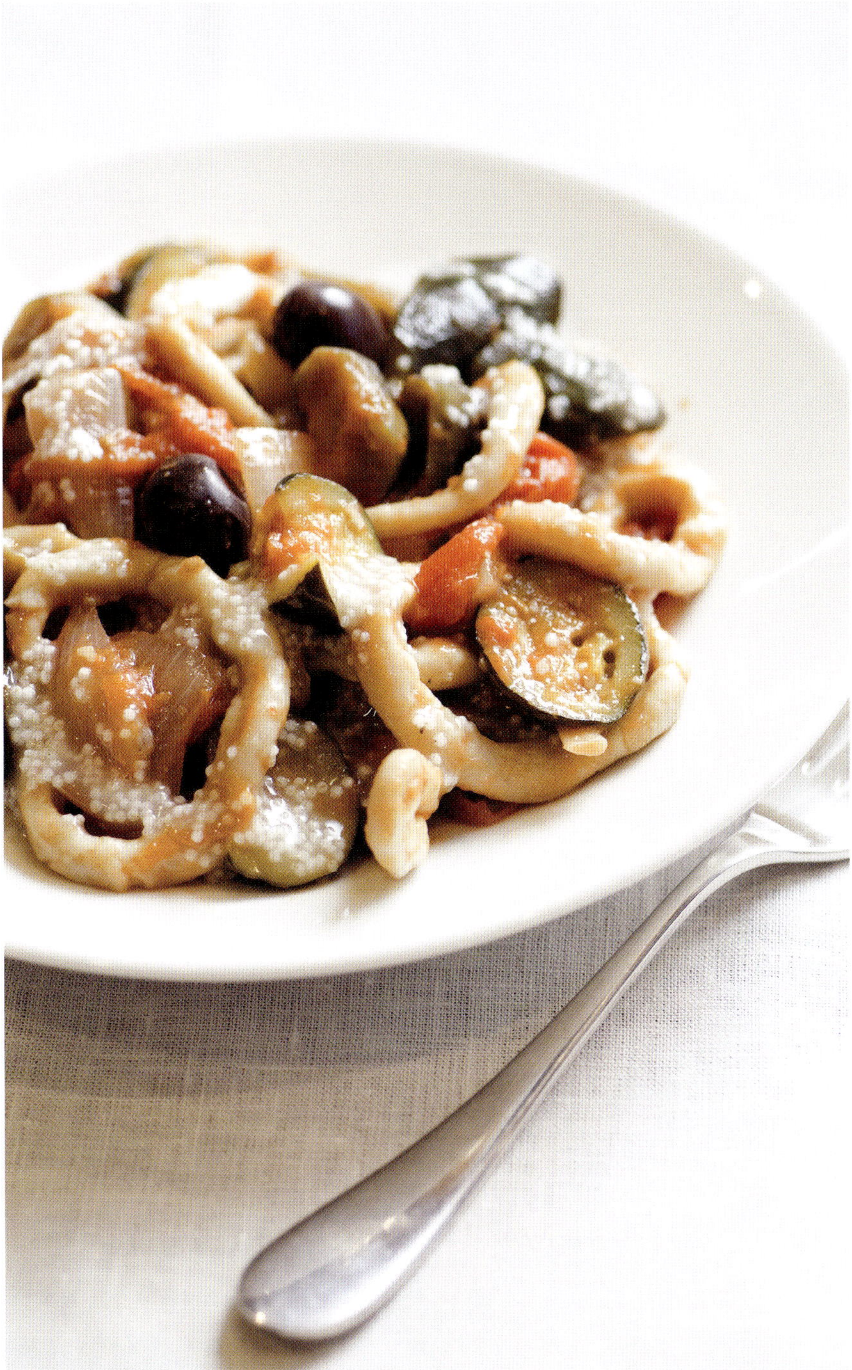

Column1 つぶつぶ流 簡単ヘルシーイタリアンおかず ①

日本伝統の豆腐加工食品の高野豆腐があると、鶏ささみ風食感の料理が作れます。カポナータはイタリアのシチリア島やナポリの伝統料理。高野豆腐とタマネギとトマトと塩を煮込んで作るつぶつぶ流カポナータは、驚くほど簡単で応用も自在です。フレークはまるでシーチキンのようです。

高野豆腐とタマネギのカポナータ

材料(4人分)
高野豆腐…4枚
タマネギ…200g
トマト…400g
自然塩…小さじ1と1/3
植物油…小さじ2

作り方
① 高野豆腐は水に10分くらいつけて戻し、しっかり絞ってから、一口大のそぎ切りにする。タマネギは一口大に切る（タテに4等分したタマネギをヨコ半分に切り、2つに分ける。外側の大きい方をタテ2つに切る）。トマトも一口大に切る。
② 鍋に油を熱してタマネギを入れ、ひと混ぜして全体に油がまわったら、高野豆腐とトマトを加え、さっと混ぜる。塩をふってフタをして煮立て、中弱火でトマトがとろけるまで煮込む。

カポナータのカツレツ

材料(2人分)
高野豆腐とタマネギの
　カポナータ…1/2量
パン粉…適量
揚げ油(植物油)…適量

[溶き粉]
小麦粉…1/2カップ
自然塩…小さじ1/4
水…1/3カップ

作り方
① 溶き粉を作る。小麦粉と塩を混ぜ、中央にくぼみを作り、その中に静かに水をそそぎながら、まわりの小麦粉を崩していくように溶くと、ダマにならない。
② カポナータの高野豆腐を軽く絞り、トマトとタマネギを少しのせる。溶き粉とパン粉をしっかりつけて、180℃の油でカラリと揚げる。

トマト味高野豆腐フレーク

作り方
高野豆腐とタマネギのカポナータの高野豆腐だけを1/2量分取り出し、フードプロセッサーでフレークにする。このとき、煮汁を少し加える。

つぶつぶ雑穀パスタ ②

ヒエ・アマランサス・キヌア・黒米 編

粉チーズ、たらこ、キャビアの食感を楽しむ本格雑穀パスタソースいろいろ

ヒエは粉を活用すると、体を芯からあたためるミルキーでコクのあるクリームソースのバリエーションが、手軽にいろいろ楽しめます。そして、炊いたヒエの粒はそのままクスクス風や粉チーズの食感としても楽しめます。
たらこの食感は、アンデス生まれのアマランサスにおまかせ！ ふわっとおいしい金色透明のキャビア風はキヌア。黒米を使ったアントシアニンいっぱいの黒いソースも絶品です。

ヒエの粉を使うと煮えやすく焦げにくいミルキーなクリームソースが簡単
ヒエ粉のホワイトクリームパスタ

材料(2人分)
[ヒエ粉ベシャメルソース]
　ヒエ粉……50g
　タマネギ……70g
　自然塩……小さじ1/2
　菜種油・ごま油……各大さじ1
　水……1と1/2カップ

エリンギ……100g
大根……150g
キャベツ……50g
純米酒……大さじ1
自然塩……小さじ1/4 + 小さじ1 + 小さじ1/2
水……2カップ
昆布……5cm角
イタリアンパセリ……適量
スパゲッティ……160g(2人分)

作り方
❶ タマネギはみじん切り、エリンギは輪切り、大根は皮ごと1cmのサイコロ状に切る。キャベツは手でちぎる。
❷ 小鍋にエリンギを入れ、酒と塩小さじ1/4をふり入れ、フタをして弱火で1〜2分蒸し煮する。
❸ ❷に❶の大根、水2カップ、昆布を入れて強火にして、煮立ったら❶のキャベツ、塩小さじ1を加え、中火で大根がやわらかくなるまで5〜6分煮る。
❹ ヒエ粉ベシャメルソースを作る。中鍋に菜種油とごま油を合わせたものを加えて熱し、❶でみじん切りにしたタマネギを入れ、全体に油がまわったら、中火にしてヒエ粉を加える。焦げないように粉がハラハラとなるまで約2分炒めて、火からおろす。
❺ ❹に水1と1/2カップを一気に入れてよく溶かし、ふたたび火にかけ、強火で混ぜながらとろみがつくまで煮る。さらに塩小さじ1/2を入れ、中火にしてさらにつやが出るまで混ぜながら煮る。
❻ ❺のヒエ粉ベシャメルソースに❸のスープを少しずつ加えながらゆるめていく。火にかけて塩小さじ1/2を加えて少し煮る。
❼ ゆであがった熱々のスパゲッティを器に盛り、❻をかけてイタリアンパセリを飾る。

＊ ❺で一気に水を入れると、ダマにならずに、すぐ溶けます。水は鍋の中が熱々のうちに入れましょう。

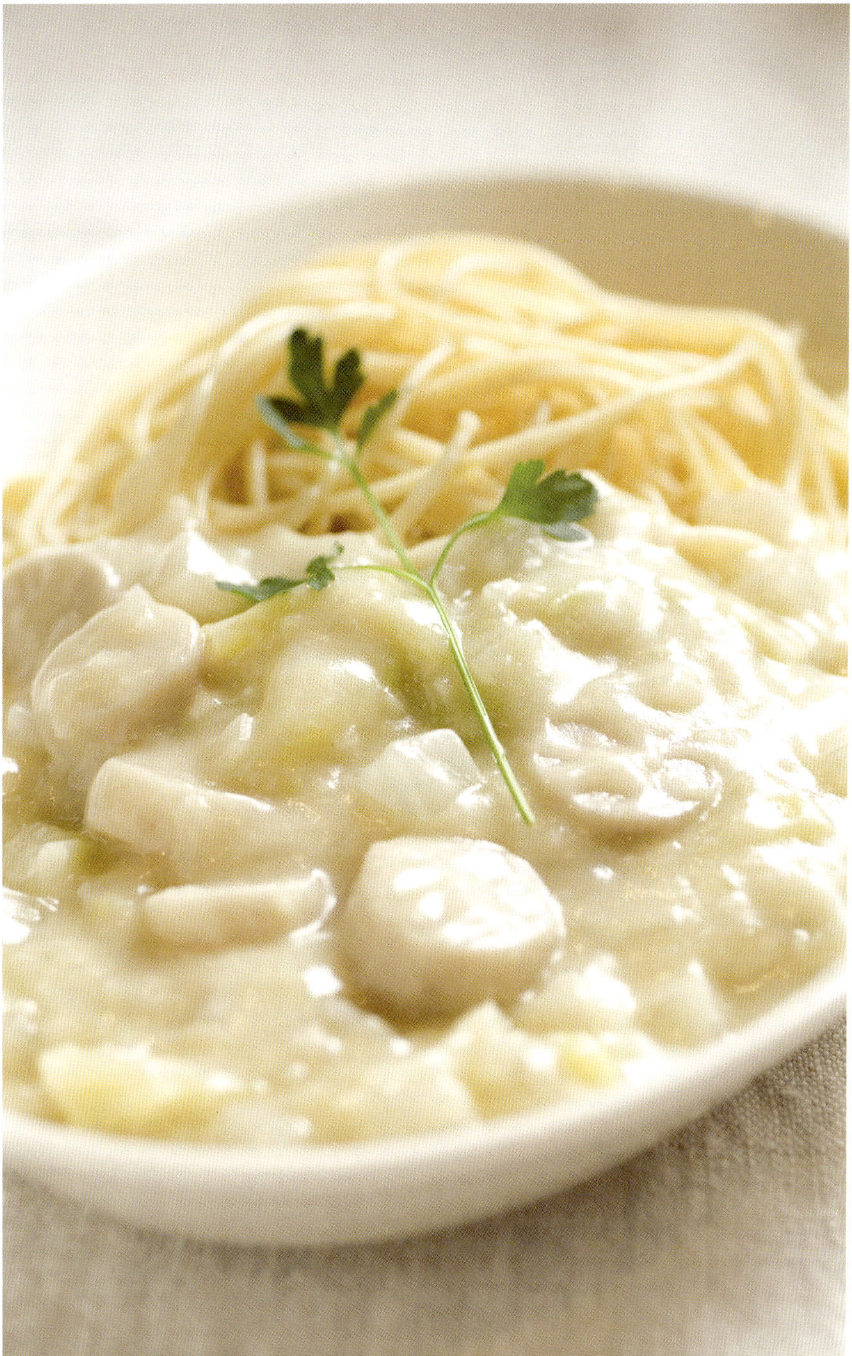

明日葉麺の翡翠色とニンジンの朱色が白いクリームソースに映えて
野菜のヒエクリーム煮パスタ

材料（2人分）
基本のヒエ粉ホワイトソース＊……全量
ブロッコリー……120g　オリーブ油……大さじ1
ニンジン……30g　　　水……1/2カップ
ニンニク……1片　　　明日葉麺……160g
干しシメジ……3g　　　　　　　　（2人分）
自然塩……小さじ1　　菜種油……大さじ2
菜種油……大さじ2　　自然塩……小さじ1/6

作り方
1. ブロッコリーは小房に分ける。ニンジンは皮ごと斜め薄切りにして半分に切る。ニンニクは細い千切りにする。干しシメジはくだく。
2. 鍋に菜種油、オリーブ油、①のニンニクを入れて火にかける。ニンニクの香りがしてきたら干しシメジを入れて炒める。
3. ②に分量の水を加え、沸騰したら、①のブロッコリー、ニンジンと塩小さじ1を入れて中火で3分煮る。
4. ③に基本のヒエ粉ホワイトソースを加えてよく混ぜる。中弱火で少し煮てなめらかなソースにする。
5. ゆでて菜種油と塩小さじ1/6をからめた明日葉麺を器に盛り、④のソースをかける。

＊基本のヒエ粉ホワイトソース

材料（できあがりの量＝約600g）
ヒエ粉…50g　　　菜種油…大さじ1
タマネギ…70g　　水…2と1/2カップ
自然塩…小さじ1

作り方
1. 鍋に菜種油を熱し、みじん切りにしたタマネギを入れて、全体に油がまわったら、中火にしてヒエ粉を加え、焦げないように、粉がハラハラとなるまで2分くらい炒めて火からおろす。
2. ①に分量の水を一気に入れてよく溶かす。
3. ふたたび火にかけ、強火で混ぜながらとろみがつくまで煮て、塩を入れる。
4. さらにつやつやとした感じになるまで混ぜながら煮る。

人気の本格トマトクリームソースがこんなに簡単に！
ヒエ粉のトマトクリームパスタ

材料（2人分）
[トマトクリームソース：約4人分]
　基本のヒエ粉ホワイトソース（P44）……1/2量
　トマトピューレ……3/4カップ
　ニンニク……1片
　自然塩……小さじ1/3
　しょう油……小さじ2
　菜種油……大さじ2
　オリーブ油……大さじ1
アワ粉の四角いパスタ（P75）……全量（2人分）

作り方
❶ ニンニクはみじん切りにする。
❷ 鍋に菜種油、オリーブ油、❶のニンニクを入れて火にかける。ニンニクの香りがしてきたらトマトピューレと塩を入れる。
❸ ❷に基本のヒエ粉ホワイトソースを加え、なめらかなソースになるように混ぜながら、中弱火で煮る。しょう油で味をととのえる。
❹ ゆでたてのアワ粉の四角いパスタに❸のトマトクリームソースを和え、器に盛る。
＊ トマトクリームソースは、コロッケのソースとしてもおすすめです（P68）。

Point

トマトは、体を冷やしやすい野菜ですが、皮ごとぐつぐつ何時間も煮込んで裏ごししたトマトピューレを使えば、1年中安心してトマトソースが楽しめます。

ヒエのふんわり粒が粉チーズみたいにしゃっきりレンコンにからんで
ヒエのレンコンビアンコ

材料（2人分）
炊いたヒエ＊……1/8量（45g）
レンコン……80g
ニンニク……4片
赤唐辛子……2本
自然塩……小さじ1
白たまり（なければしょう油）……小さじ1
菜種油・オリーブ油……各大さじ1+2/3
スパゲッティのゆで汁……1カップ
パセリのみじん切り……適量
スパゲッティ……160g（2人分）

作り方
① レンコンは皮ごと薄い半月切りにする。ニンニクは皮ごとみじん切りに、赤唐辛子は小口切りにする。
② フライパンに菜種油とオリーブ油、①のニンニクを入れて火にかける。少しニンニクの香りがしてきたら、すぐにレンコンを入れて炒める。赤唐辛子、塩も加える（ニンニクが炒め終わるころにレンコンが透き通るくらいがちょうどいい）。
③ ②にゆであがった熱々のスパゲッティのゆで汁を加え、手早く混ぜる。さらに、炊いたヒエと白たまりを加える。
④ 火を止めて、③にゆでたスパゲッティを加え、さっと混ぜる。
⑤ 器に盛りつけ、パセリのみじん切りを散らす。
＊ レンコンのかわりにキヌサヤや空豆などの旬野菜でもおいしいです。

大人気のジェノベーゼソースにヒエチーズをからめて本格派
ヒエのポテトジェノベーゼ

材料（2人分）
炊いたヒエ＊……1/4量（90g）
ジャガイモ……150g
ブロッコリー……60g
バジルペースト……50g
オリーブ油……大さじ3
菜種油……大さじ2
自然塩……大さじ1
スパゲッティ……160g（2人分）

作り方
① ジャガイモは皮ごと4つ割りにして6mm幅に切る。ブロッコリーは小房に分ける。
② バジルペーストにオリーブ油、菜種油、炊いたヒエを混ぜてバジルソースを作る（炊いたヒエに油をからめておくと、かたくならず保存できる）。
③ 鍋に水3リットルを入れて火にかけ、沸騰したら塩とスパゲッティを入れる。
④ ③の鍋にすぐに①のジャガイモを入れ、ゆであがり3分前にブロッコリーを入れて、一緒にゆでる。
⑤ ゆであがった熱々のスパゲッティとジャガイモ、ブロッコリーに②のバジルソースをからめる。

＊ヒエ・基本の炊き方

材料（炊きあがりの量＝約360g）
ヒエ……1カップ
水……1と1/2カップ
自然塩……小さじ1/4

作り方
① ヒエは洗って目の細かいザルにあげ、水をきる。
② 鍋に分量の水を入れて、沸騰したら塩と①のヒエを入れ、木べらでよく混ぜながら強火で煮る。
③ ヒエが水を充分に吸って鍋底が見えてきたら、フタをして弱火で15分炊く（クッキングマットを敷くと便利）。
④ 炊きあがったら火からおろして10分蒸らし、木べらでさっくり混ぜ、風を入れる。

47

タブーリは中近東風のクスクスサラダ
冷パスタにしたらいける！

ヒエタブーリの
サラダパスタ

材料

[ヒエタブーリ：できあがりの量＝約360g・4人分]

炊いたヒエ（P46）
　……1/2量（180g）
タマネギ……100g
トマト……350g
キュウリ……1/2本
パセリ……20g
梅酢……大さじ1と1/2
コリアンダーパウダー……小さじ1

田舎そば……160g（2人分）

作り方

❶ タマネギ、トマト、キュウリ、パセリはみじん切りにする。

❷ ①に梅酢、コリアンダーパウダーを加える。さらに炊いたヒエも加えてよく混ぜて、ヒエタブーリを作る。

❸ ゆでて冷水にとった田舎そばを器に盛り、②の1/2量を盛りつける。

＊ そばに大さじ1の植物油をからめてから②をかけるとコクのあるサラダパスタに！

＊ ヒエタブーリの残りは、そのままサラダとして食べられ（数日間保存可）、またP71のヒエのフェラフェルにも応用できます。

ほろほろ感のコントラストが
不思議においしい新感覚パスタ

ヒエと高野フレークのパスタ

材料(2人分)
炊いたヒエ(P46)……1/8量(45g)
トマト味高野豆腐フレーク(P40)……全量
| 明日葉麺……160g(2人分)
| 菜種油……大さじ2
| 自然塩……小さじ1/6

作り方
① トマト味高野豆腐フレークに炊いたヒエを混ぜる。
② ゆでて菜種油と塩をまぶした明日葉麺を器に盛り、①をかける。

Point

炊きあがったヒエは、ポロポロにほぐして、粗熱がとれてから、密閉容器に入れて保存します。

使うときは蒸し器で蒸すと、簡単にやわらかくなります。

イタリアンジャポネーゼと呼びたい香り高いトッピングソース
ヒエとキノコとゴボウフレークのスパゲッティ

材料(2人分)
炊いたヒエ(P46)……1/8量(45g)
ゴボウ……60g
マイタケ……60g
ニンニク……1片
しょう油……大さじ1
植物油……大さじ2
　スパゲッティ……160g(2人分)
　菜種油・オリーブ油……各小さじ1と1/2
　自然塩……小さじ1/6

作り方
1. ゴボウは皮ごとささがきにする。マイタケはほぐす。
2. ①におろしたニンニクとしょう油をからめ、20～30分おく。
3. フライパンに油を熱して、②を炒める。
4. ゆであがった熱々のスパゲッティに菜種油とオリーブ油を合わせたものと塩をからめて、③を上に盛りつけ、炊いたヒエを散らす。

シャキッと冷やしたそうめんにからむ2色の粒が新鮮
ヒエ&エゴマそうめん

材料(1人分)
炊いたヒエ(P46)……20g
エゴマ……大さじ1
しょう油……小さじ2
ごま油……小さじ1
青ジソ……1枚
そうめん……50g(1人分)

作り方
1. エゴマを煎って熱いうちにすり、しょう油とごま油を混ぜる。
2. ゆでて冷水にとって水をきったそうめんに炊いたヒエと①を混ぜ、器に盛りつけて、千切りにした青ジソを散らす。

ジャガイモとヒエのとろけるハーモニーがうれしい本格ソース
ニューイングランド風ヒエのチャウダーパスタ

材料(2人分)
ヒエ……1/3カップ
タマネギ……150g
ジャガイモ……150g
レンコン……70g
ニンジン……50g
インゲン……少々
自然塩……小さじ2
植物油……大さじ1
水……5カップ
昆布……5cm角
| 高キビ粉のフェットチーネ(P74)……全量(2人分)
| 菜種油・オリーブ油……各大さじ1
| 自然塩……小さじ1/6

作り方

① タマネギはヨコ半分に切って5mm幅のまわし切りにする。ジャガイモは皮ごと1cm角に切る。レンコンは皮ごと2cm角の棒状に切って薄切りにする。ニンジンも皮ごとジャガイモより少し小さめに切る。インゲンは1cmに切る。

② 鍋に油を熱し、レンコン、タマネギ、ジャガイモ、ニンジン、インゲンの順にさっと炒めて、分量の水と昆布を入れる。

③ ②が沸騰したら、洗って目の細かいザルで水をきったヒエと塩小さじ2を入れてよく混ぜ、フタをして中弱火で20分煮込む。

④ ゆでたての高キビ粉のフェットチーネに菜種油とオリーブ油を合わせたものと塩小さじ1/6をからめて、③をたっぷりかける。

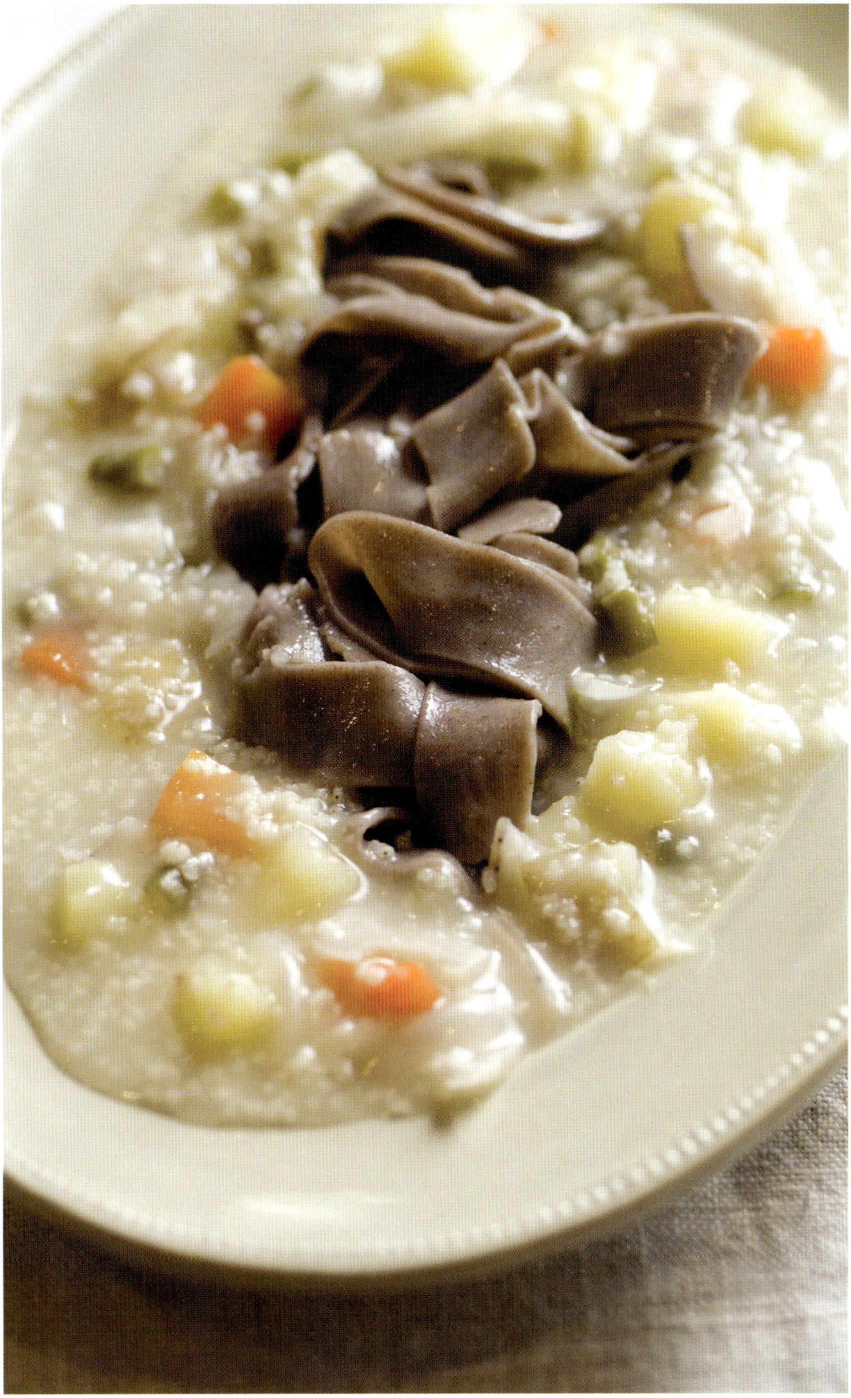

やみつきになる人続出！ 金色透明の粒がおいしいたらこスパ風の和風パスタ

和風アマランサスパスタ

材料(3人分)
炊いたアマランサス＊……全量(80g×3)
シメジ……60g×3
菜種油……小さじ1×3
オリーブ油……小さじ1×3
自然塩……小さじ1/5×3
しょう油……小さじ2×3
青ジソ……適量
焼き海苔……適量
　スパゲッティ……240g(3人分)
　菜種油……大さじ1
　オリーブ油……小さじ1

作り方
❶ シメジは石づきを取り、手でほぐす。青ジソ、焼き海苔は細い千切りにする。
❷ 1人分ずつ炒める。フライパンに菜種油とオリーブ油を各小さじ1ずつ入れて熱し、鍋があたたまったら❶のシメジ60gを入れてさっと炒め、塩小さじ1/5を加える。炊いたアマランサス80g、しょう油小さじ2の順に入れて炒め合わせる。
❸ ❷にゆでて菜種油とオリーブ油をからめたスパゲッティを1/3量加え、さっと炒め混ぜる。
❹ ❸を器に盛りつけ、❶の青ジソと焼き海苔を散らす。

＊ アマランサス・基本の炊き方

材料(炊きあがりの量＝約240g)
アマランサス……1/2カップ
水……2カップ
自然塩……小さじ2/3
生姜……10g

❶ 鍋をあたため、アマランサスを入れて強火でサッとから煎りして、分量の水と皮ごとスライスした生姜を加える。
❷ 沸騰したら塩を入れ、フタをして吹きこぼれない程度の中火で5分、弱火で20分炊く。フタをあけて混ぜ、生姜を取り出し、木べらでさっくり混ぜ、風を入れる。

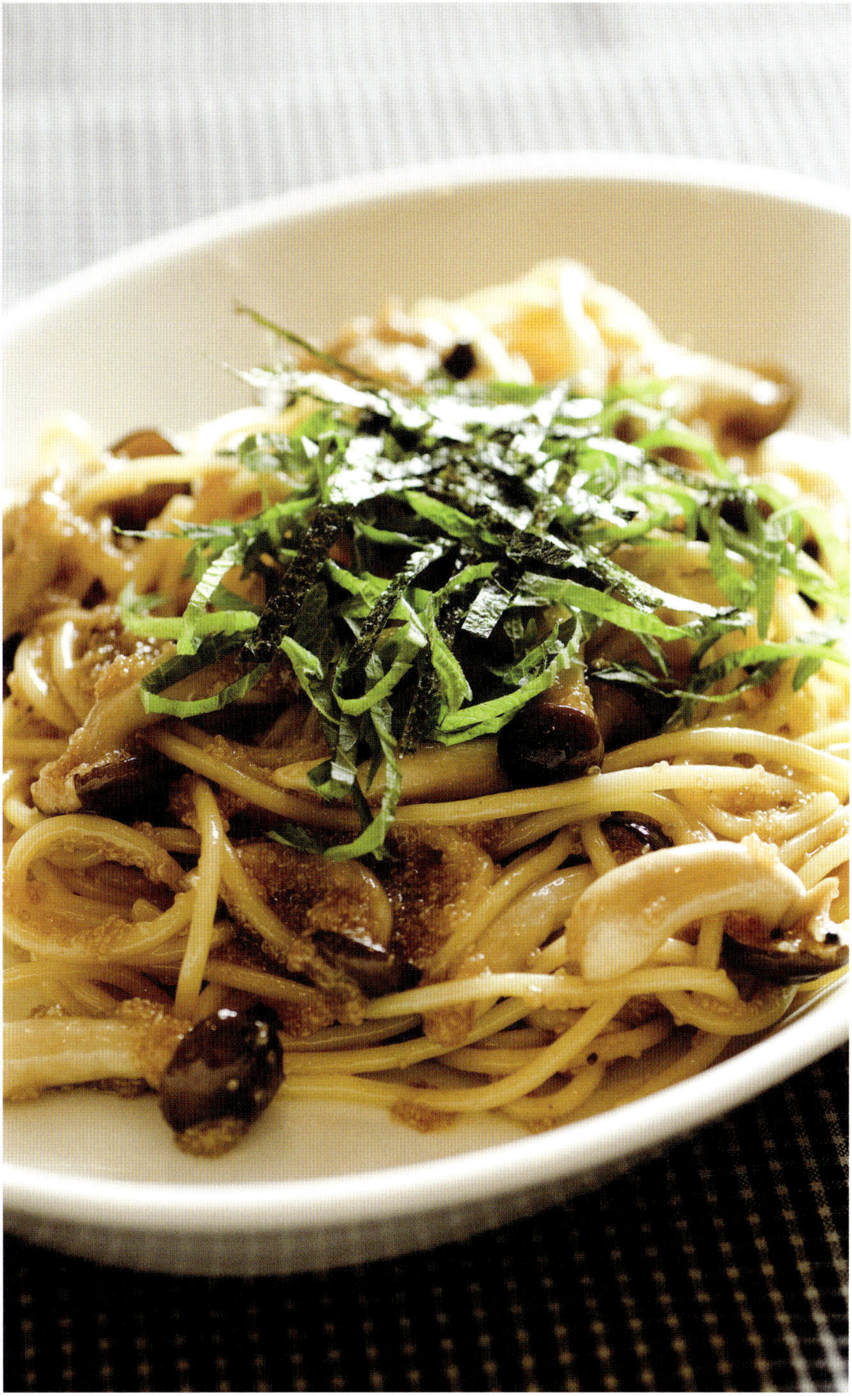

つぶつぶ流植物性オイキムチをのせたピリッとうまい韓国風冷麺
アマランサスオイキムチのせ韓国風そば

材料（2人分）
炊いたアマランサス（P54）……大さじ2
キュウリ……2本
葉ネギ……2本
生赤唐辛子（なければ赤パプリカ1/3〜1/4個で代用可）……1本
ニンニク（おろしたもの）……小さじ1
白たまり（なければしょう油）……大さじ1
自然塩……小さじ1
赤唐辛子粉……大さじ1/2
田舎そば……160g（2人分）

［たれ］
水……1と1/4カップ
干しシメジ……3g
自然塩……小さじ1と1/4
しょう油……大さじ1と1/2

作り方
❶ 炊いたアマランサスに白たまりを混ぜる。
❷ キュウリはヘタを切り、4等分にしてから、タテ4つ割りにする。さらに塩小さじ1をまぶし、30分おく。その後、ふきんで水分をしっかりを拭き取る。
❸ 葉ネギを3cmの長さに切る。生赤唐辛子は斜め薄切りにする。
❹ ②のキュウリに①、③、ニンニク、赤唐辛子粉を混ぜる。
❺ たれを作る。鍋に分量の水と干しシメジを入れて煮立て、塩小さじ1と1/4、しょう油を加えて冷ます。
❻ ゆでて冷水にとった田舎そばに④を盛り、⑤のたれをかける。

Point

赤唐辛子粉は、韓国産のあまり辛くない唐辛子です。

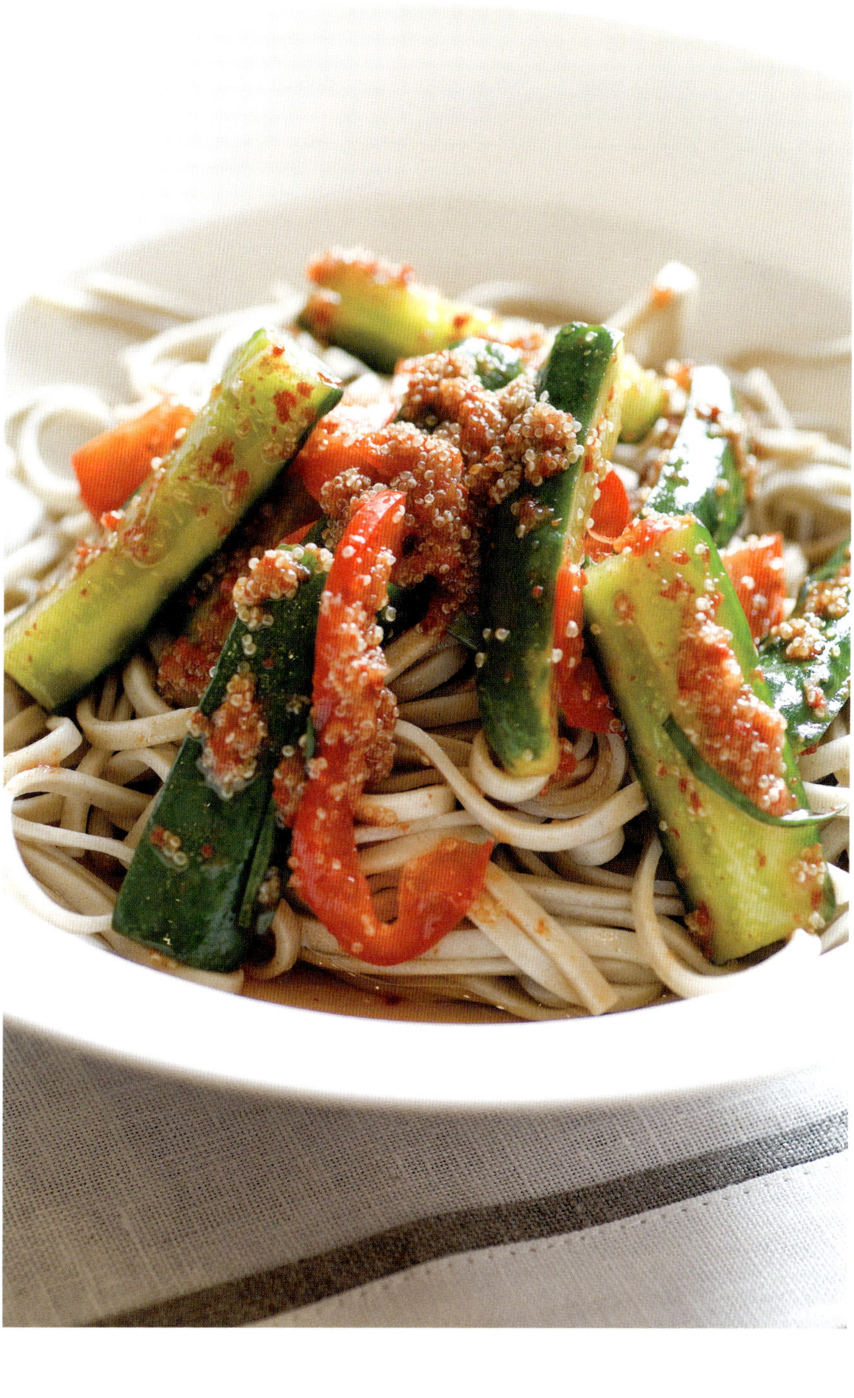

キャビア風食感のキヌアで作る
金色つぶつぶが楽しいペスカトーレ

キヌアの
ペスカトーレ

材料(2人分)
- キヌア……大さじ3
- タマネギ……100g
- 干しシメジ……10g
- ニンニク……4g
- 赤唐辛子……1/2本
- トマトピューレ……1カップ
- 白ワイン……1/4カップ
- 白たまり(なければしょう油)……小さじ2
- 自然塩……小さじ1と1/2
- 水……4カップ
- オリーブ油……大さじ2
- スパゲッティ……160g(2人分)

作り方
1. タマネギはヨコ半分に切り5mm幅のまわし切りにする。ニンニクと赤唐辛子はみじん切りにする。
2. 鍋にオリーブ油と①のニンニクを入れて火にかける。ニンニクの香りがしてきたら、赤唐辛子を入れる。
3. ②に①のタマネギ、手でほぐした干しシメジ、キヌアを入れてさっと混ぜ、分量の水と塩を加えてフタをし、弱火で15分煮る。
4. ③にトマトピューレ、白ワインを加えてさらに10分煮る。仕上げに白たまりを入れて味をととのえる。
5. ゆであがった熱々のスパゲッティを器に盛り、④をたっぷりかける。

おろしたレンコンの透明な
テクスチャーがおいしい

キヌアとレンコンの薬膳パスタ

材料(2人分)

キヌア……大さじ3
大根……250g
ニンジン……50g
シイタケ……30g
レンコン……200g
生姜(おろしたもの)
　……小さじ1/2
高野豆腐……2枚
純米酒……大さじ2
くず粉……小さじ2
　(水大さじ1と1/2で溶く)
しょう油……小さじ2
自然塩……大さじ1
水……4カップ
昆布……5cm角
植物油……小さじ2
そうめん……100g(2人分)

作り方

❶ 大根は皮ごと5mm角の細い棒切りにする。ニンジンは皮ごと5mm幅の斜め薄切りにしてタテ3等分に切る。シイタケは薄切りにする。高野豆腐は水につけて戻し、しっかりと絞って薄切りにする。レンコンはすりおろす。

❷ 鍋に油を熱して❶の大根、シイタケを順に炒め、分量の水と昆布を入れる。煮立ったらニンジン、高野豆腐、キヌア、レンコンのおろしたもの、塩を入れて、中火で15分煮る。

❸ ❷に酒、生姜のおろしたもの、水大さじ1と1/2で溶いたくず粉を入れて、混ぜながら煮てとろみをつける。仕上げにしょう油で味をととのえる。

❹ ゆでて冷水にとったそうめんは熱湯に通してあたため、器に盛り、❸をかける。

＊ シチューはたっぷり4人分くらいできあがります。

レモン風味の黒ごまと黒米ソースで
イカスミ風ソース
黒米黒ごまスパゲッティ

材料（2人分）
炊いた黒米＊……1/4量（80g）
黒ごまペースト……大さじ1
麦味噌……大さじ1と1/2
レモンの搾り汁……大さじ1強
レモンの皮……少々
自然塩……小さじ1/4
水……1/4カップ
| スパゲッティ……160g（2人分）
| 菜種油・オリーブ油……各小さじ1と1/2
| 自然塩……小さじ1/6

作り方
❶ 黒ごまペーストに麦味噌、レモンの搾り汁、塩小さじ1/4を順に加えて混ぜ、最後に分量の水でソースをゆるめる。
❷ ①に炊いた黒米を混ぜる。
❸ ゆであがった熱々のスパゲッティに菜種油とオリーブ油を合わせたものと塩小さじ1/6をからめておく。
❹ ③を器に盛り、②をかけて千切りにしたレモンの皮を散らす。

＊黒米・基本の炊き方

材料（炊きあがりの量＝約320g）
黒米……1カップ
水……2カップ
自然塩……小さじ1/4

❶ 黒米は洗ってザルにあげ、水をきる。
❷ 鍋に黒米、水、塩を入れてフタをして、火にかける。
❸ 煮立ったら中火で5分、弱火で15分炊く。
❹ 火からおろして10分蒸らし、木べらでさっくり混ぜ、風を入れる。

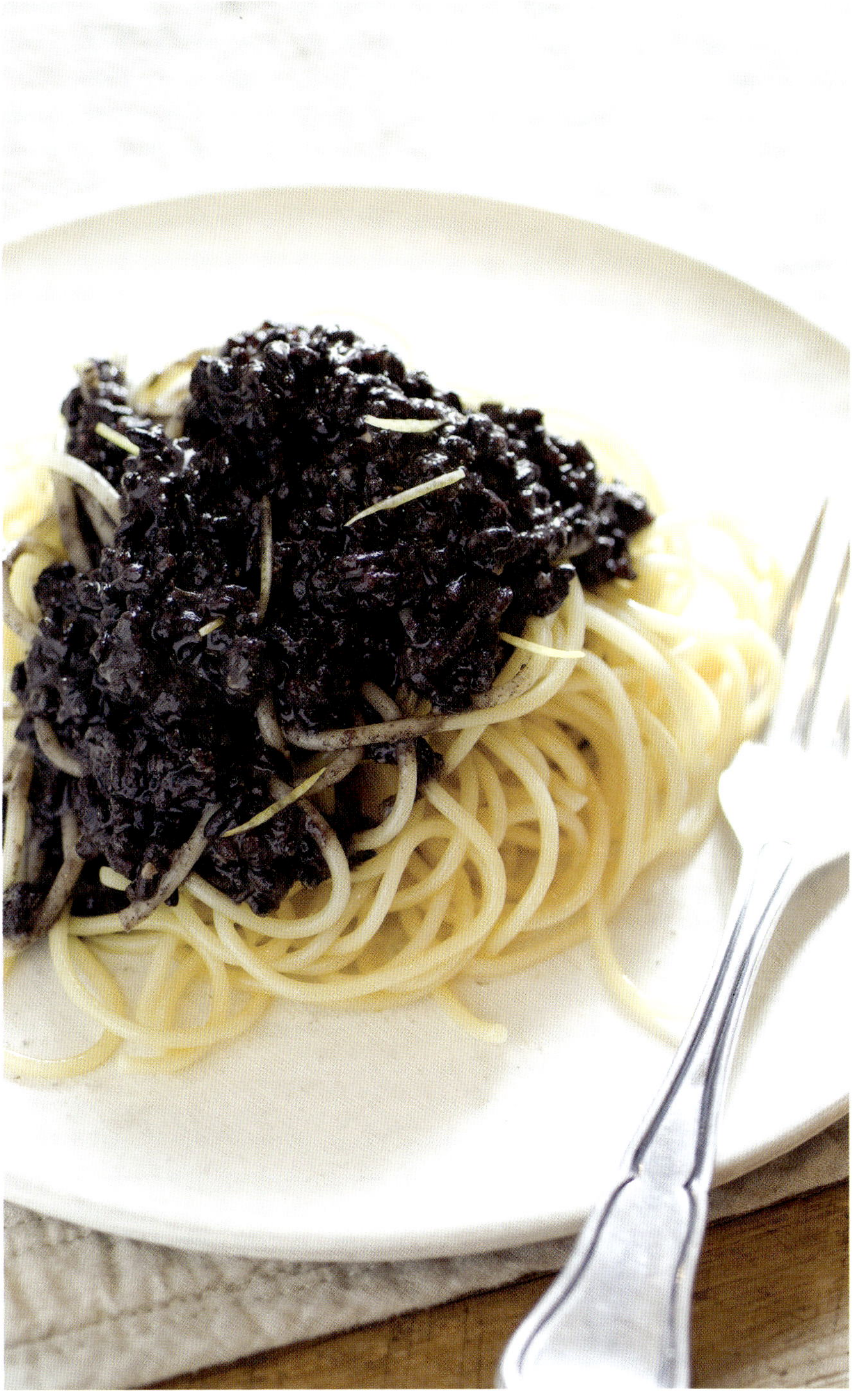

Column2 つぶつぶ流 簡単ヘルシーイタリアンおかず ②

干しシメジはコンソメ味のだしの素。そして、戻したシメジは、脂身の多い細切れ肉のような食感を演出する食材として大活躍。戻さずにソテーすると風味の高いトッピングに。伝統食材の板麩も薄切り肉のような食感とうま味が楽しめる食材です。

つぶつぶ流ベーコン2種を紹介します！

干しシメジのソテー

材料
干しシメジ…12g
自然塩…小さじ1/3
植物油…大さじ2

作り方
❶ 中火のフライパンに油を熱して、干しシメジを乾燥のまま入れる。
❷ 全体に油がまわったら塩をふり、カリッとするまで炒める。

板麩ベーコン

材料
板麩…1枚
しょう油…大さじ1
白ワイン（または純米酒）…大さじ1
水…大さじ1
ニンニク（すりおろしたもの）…少々
植物油…大さじ2

作り方
❶ 板麩は熱湯に2分前後つけて戻す。水をきり、タテ半分に切って、1cm幅に切る。
❷ しょう油、白ワイン、分量の水、ニンニクを合わせ、❶を入れて下味をつける。
❸ フライパンに油を熱し、❷の板麩を入れて中火で3分炒りつける。裏返してさらに3分炒り、カリッとしてきたらできあがり。

＊ 板麩はつけ汁を絞らずに焼くと、くっつきません。

つぶつぶ雑穀パスタ
応用編

つぶつぶ雑穀と野菜のハモった
おいしいパスタソースを活用して
遊びましょう！

挽肉風味の高キビボロネーゼソースとミルキーなヒエ粉ホワイトソースとチーズ風味のもちアワを組み合わせると、本格イタリアンディッシュがさまざまに作れて、幅広いおいしさが楽しめます。

ヒエ粉のクレープで旬野菜と
高キビボロネーゼソースを包んで熱々ふんわり

高キビボロネーゼのクレープグラタン

材料(4人分)
[クレープ生地:直径18cm×約4枚]
　ヒエ粉……10g
　小麦粉……40g
　自然塩……小さじ1/6
　水……3/5カップ(120cc)
　焼き油(植物油)……適量
高キビボロネーゼのソース(P12)……160g
基本のヒエ粉ホワイトソース(P44)……1/2量(300g)
ナス……1本(90g)
菜種油……大さじ1
オリーブ油……大さじ1
自然塩……小さじ2/3(ナスの重量の約2%)
バジル……4枚

作り方

❶ クレープ生地を作る。ヒエ粉、小麦粉、塩小さじ1/6を合わせてふるい、中央にくぼみを作り、その中に静かに分量の水をそそぎながら、まわりの粉を崩すようにして溶いていく。生地をそのまま少し休ませる。

❷ 厚手のフライパンを熱して、油大さじ1を入れ、余分な油は戻す。油があたたまったら約お玉1杯分の❶の生地を流し入れ、フライパンをまわして、丸く薄くのばす。表面が乾いて生地の端がヒラヒラとレースのようになってきたら、裏返してさっと焼く。油をひき、繰り返して全部で4枚焼く。

❸ ナスはヘタを取り、タテ8等分に切る。フライパンに菜種油とオリーブ油を熱してナスを焼き、塩小さじ2/3をふる。

❹ ❷のクレープにそれぞれ❸のナス2切れ、高キビボロネーゼのソース40gずつをおいて巻く。

❺ 耐熱皿に基本のヒエ粉ホワイトソースの半量を敷いて❹を並べ、さらに残りの基本のヒエ粉ホワイトソースをかける。

❻ 高温(230℃)のオーブンで10分ほど焼いて、バジルを飾る。

＊ ナスのほかに、アスパラガスやインゲン、ズッキーニ、キノコ類、ゆでたジャガイモなどの旬野菜でもおいしく作れます。

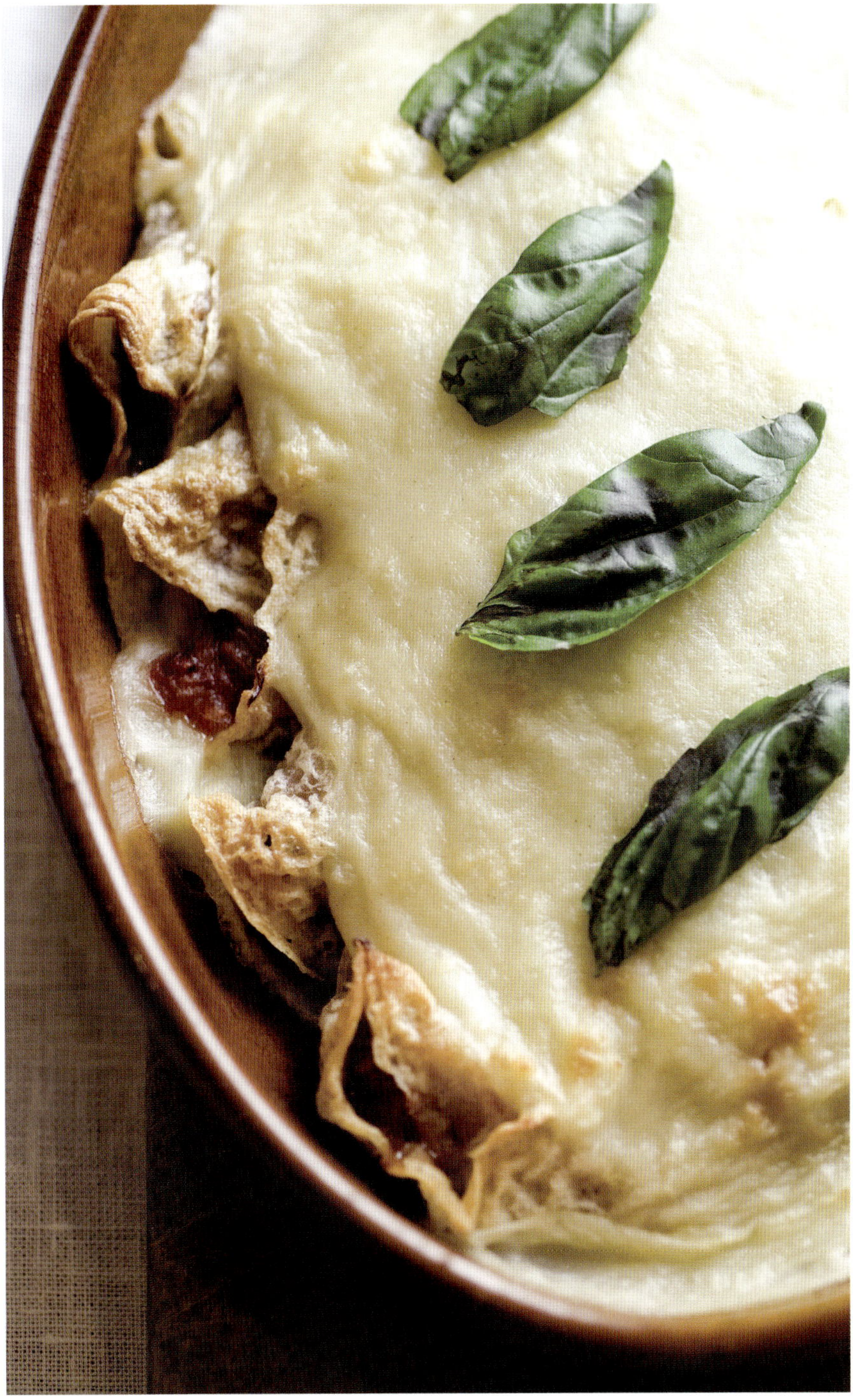

ギョウザの皮をゆでるとラザニアの皮に！
2種のソースで簡単に作れる本格ラザニア

高キビボロネーゼの
ラザニア

材料（2人分）
高キビボロネーゼのソース（P12）……200g
基本のヒエ粉ホワイトソース（P44）
　……1/4量（約150g）
小松菜……50g
カシューナッツ……4g
ギョウザの皮（大判）……2枚
自然塩……少々

作り方
❶ ギョウザの皮は塩少々を入れた熱湯で3分ゆでる。
❷ 小松菜はゆでて2cmに切る。カシューナッツは煎って、粗く刻む。
❸ 耐熱皿に高キビボロネーゼのソースの半量、ギョウザの皮1枚、高キビボロネーゼのソースの残りの半量、❷の小松菜とカシューナッツ、ギョウザの皮1枚、基本のヒエ粉ホワイトソースを順に重ねていく。
❹ 高温（230℃）のオーブンで10分ほど焼く。

野菜の串焼きも高キビエスニックソースがあればジューシーなご馳走に
高キビエスニックソースで野菜カバブ

材料
高キビエスニックソースそばの
　ソース(P16)……適量
カボチャ……適量
木綿豆腐……適量
ピーマン……適量
シイタケ……適量
自然塩……適量
焼き油(植物油)……適量

作り方
❶ カボチャは1cm幅のくし型に切る。木綿豆腐は熱湯でゆでて、軽く重しをして水をきり、一口大に切る。ピーマンはタテに4等分に切ってヘタと種を取り、シイタケは1cm幅に切る。
❷ フライパンに油を熱して、❶の野菜と豆腐を焼き、塩をふる。
❸ ❷を串に差して、高キビエスニックソースそばのソースをかける。

もちキビコーンをココットに入れて焼くだけ！
感動のおいしさのグラタン
もちキビコーンのグラタン

材料
基本のもちキビコーン（P26）……適量

作り方
もちキビコーンをココット皿に入れ、高温（230℃）のオーブンで8分ほど焼く。
＊少し焦げ目がついた方がおいしいです。

イタリアン好みのまん丸コロッケはチーズが入っていないのに、
とってもチーズ風味なテイスト
もちキビコーンのコロッケ

材料（5個分）
基本のもちキビコーン（P26）……90g
溶き粉（P40）……適量
パン粉……適量
揚げ油（植物油）……適量
トマトクリームソース（P45）……大さじ2
イタリアンパセリ……適量

作り方
❶ 基本のもちキビコーンを18gずつ5等分にして、コロッケ型に握る。
❷ ①に溶き粉とパン粉をつけて180℃の油でカラリと揚げる。
❸ 器にトマトクリームソースを敷いて②のコロッケを置き、イタリアンパセリを飾る。

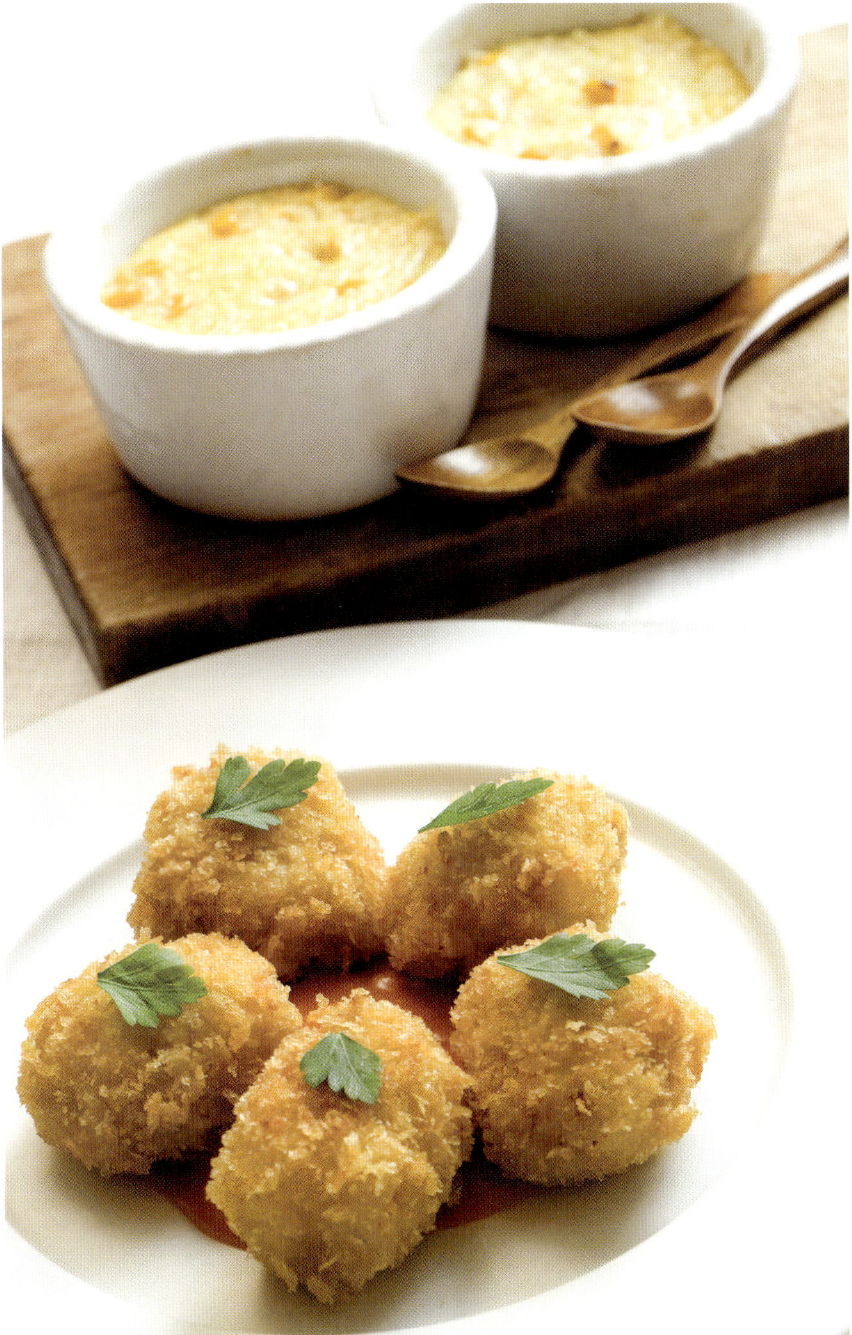

もちアワチーズと塩漬けオリーブを
のせるだけの本格派
つぶつぶラビオリ

材料(1人分)
アワ粉の四角いパスタのこねた生地(P75)……1/3量
もちアワチーズ(P36)……36g
炊いたヒエ(P46)……20g
黒オリーブの塩漬け……1粒
オリーブ油……大さじ4
自然塩……ひとつまみ＋小さじ1

作り方
1. 黒オリーブの塩漬けは種を取り、6等分の輪切りにする。
2. P75の要領で打ったアワ粉の四角いパスタの生地の半量を、厚さ2mmほどの長方形にのばし、その上にもちアワチーズ6gと①の黒オリーブの塩漬けをそれぞれ6箇所に置く。
3. 残り半量のアワ粉の四角いパスタの生地を同じ大きさにのばして、②の上にかぶせる。包丁で切って、縁をフォークできっちり押さえる。
4. 塩ひとつまみを入れたたっぷりの湯で、③を3分ゆでる。
5. オリーブ油に塩小さじ1を混ぜ、炊いたヒエを入れてヒエドレッシングを作り、ゆでたての④にかける。

ファラフェルはおから状のヒヨコ豆などで作るアラブ風ハンバーグ
西欧ベジタリアンの定番です

ヒエのファラフェル

材料(4個分)
ヒエタブーリ(P48)……1/2量(180g)
小麦粉……40〜50g
焼き油(植物油)……大さじ1

作り方
① ヒエタブーリの水分を軽くきって、小麦粉を加えて混ぜる。4等分にして形をととのえる(このとき、生地の水分によって、ハンバーグの生地くらいのかたさになるように小麦粉の量を調節する)。
② フライパンに油を熱して①を入れ、中強火で焼く。しっかり焼けて、フライパンの上で動かせるようになったら、中弱火にして3分焼く。裏返して、さらに3分焼く。

Column3 つぶつぶ流 簡単ヘルシーイタリアンおかず③

漬け物入りサラダ

日本の風土で健康を保つために欠かせないのが、伝統の漬け物です。漬け物は、乳酸菌と繊維と酵素の宝庫で、腸を元気にしてくれます。黒オリーブの塩漬けは、イタリアの食卓に欠かせない漬け物。塩味の利いた熟成したうま味が野菜の味を引き立てます。メインディッシュのパスタのおいしさとのバランスもよく、味わいも引き立てます。

もっちり蒸しレンコンのマリネ

材料（4人分）
レンコン…200g
キュウリ…1本
ミニトマト…5個
青ジソ…2枚
黒オリーブの塩漬け…大さじ3
自然塩…小さじ4/5＋小さじ1/5
オリーブ油…大さじ1
薄口しょう油…大さじ1/2
梅酢…大さじ1/2
水…大さじ2

作り方
① レンコンは皮ごと一口大の乱切りにして、塩小さじ4/5をふって20分蒸す。キュウリは乱切りにして塩小さじ1/5をふる。ミニトマトは4つに切る。黒オリーブの塩漬けは種を取り、輪切りにする。青ジソは千切りにする。
② オリーブ油、薄口しょう油、梅酢、分量の水を合わせ、①のレンコン、キュウリ、ミニトマト、黒オリーブの塩漬け、青ジソを和える。

白キクラゲとしば漬けの和え物

材料（2人分）
白キクラゲ…5g
しば漬け…40g

白キクラゲ

作り方
① 白キクラゲは水につけて戻し、熱湯で1分ゆでて水にとり、一口大に切る。しば漬けはタテ2つに切る。
② ①の白キクラゲとしば漬けを和える。

赤とさかのりと糸寒天とたくあんの和え物

材料（2人分）
赤とさかのり…2g
糸寒天…2g
たくあん…20g
キュウリ…35g

赤とさかのり
糸寒天

作り方
① 赤とさかのりは水にさっとつけて、すぐにザルにあげる。糸寒天は水に5分つけて、4cmの長さに切る。たくあんとキュウリは細く切る。
② ①の赤とさかのり、糸寒天、たくあん、キュウリを和える。

レンコンと高菜塩漬けの和え物

材料（2〜3人分）
梅酢煮レンコン＊…30g
高菜塩漬け（自然塩だけで漬けたもの）…15g
タマネギ…15g

高菜塩漬け

作り方
① 梅酢煮レンコンは半月に薄く切る。高菜塩漬けは細かく切る。タマネギは繊維に直角に薄くスライスし、冷水に5分つけてザルにあげる。
② ①の梅酢煮レンコン、高菜塩漬け、タマネギを和える。
＊ 混ぜてから少しおくと、味がなじんできて、よりおいしくなります。

レンコンとフノリの和え物

材料（2人分）
梅酢煮レンコン＊…30g
フノリ…少々
　（もどしたもの5g）
白ごま…小さじ1
梅酢…小さじ1/2

フノリ

作り方
① 梅酢煮レンコンは薄いいちょう切りにする。フノリは水にさっとつけて、ザルにあげる。白ごまは煎って、切りごまにする。
② ①の梅酢煮レンコン、フノリ、白ごまと梅酢を和える。
＊ 混ぜてから少しおくと、味がなじんできて、よりおいしくなります。

＊梅酢煮レンコン
レンコン300gを皮つきのまま適当な大きさに切る。鍋にレンコンを入れて水2カップと梅酢大さじ1を加えて5分以上おき、火にかけ、沸騰したら中弱火にして5分煮る。煮汁につけたまま冷ます。

＊レンコンがかぶるくらいの水加減にします。
＊フタをしないで煮るのがポイントです。
＊煮たレンコンは、煮汁につけたまま保存します。

意外と簡単！
つぶつぶ流 手打ち雑穀パスタ

小麦粉に雑穀粉を混ぜると、香り高く個性的な色のオリジナルパスタが作れます。
栄養バランスのすぐれた解毒効果も期待できるパスタです。
うどんやそばと比べて、簡単に作れます。とくに2人分くらいなら、あっという間です。
そして、おいしさは感動もの！

ポイント
1. 手打ちパスタは生地を寝かせる
2. 打ちたて、ゆでたてで食べる
3. 水2リットルに対して、大さじ1の自然塩を入れてゆでる

●イタリアのきしめん
高キビ粉のフェットチーネ

材料（できあがりの量＝約225g・2人分）
高キビ粉……30g
小麦粉（中力粉）……130g
水……65cc
打ち粉（小麦粉）……適量
菜種油……大さじ1〜2

作り方
1. 高キビ粉と小麦粉を合わせてふるい、分量の水を入れて混ぜ、生地がツルツルになるまでよくこねる。濡れぶきんをかけて生地を寝かせる（30分以上）。
2. ①を3等分にする。打ち粉をして、1つを2㎜くらいの厚さに薄くのばし、1㎝幅に切る。残りも同じようにのばして切る。
3. 塩を入れたたっぷりのお湯で3分半ゆでる。
4. ③に菜種油をまぶす。

● ラザニアの皮にも使える平たいパスタ
アワ粉の四角いパスタ

材料（できあがりの量＝約225g・2人分）
アワ粉……30g
小麦粉（中力粉）……130g
水……65cc
打ち粉（小麦粉）……適量
菜種油……適量

作り方
1. アワ粉と小麦粉を合わせてふるい、分量の水を入れて混ぜ、生地がツルツルになるまでよくこねる。濡れぶきんをかけて生地を寝かせる（30分以上）。
2. ①を6等分にする。打ち粉をして、1つを2mmくらいの厚さの四角にのばし、6等分に切る。残りも同じようにのばして切る。
3. 塩を入れたたっぷりのお湯で3分半ゆでて、菜種油をまぶす。

● のし板も麺棒もいらないユニークパスタ
ヒエ粉のリングパスタ

材料（48個・4人分）
ヒエ粉……30g
小麦粉……130g
水……65cc
菜種油……適量

作り方
1. ヒエ粉と小麦粉を合わせてふるい、分量の水を入れて混ぜ、生地がツルツルになるまでよくこねる。濡れぶきんをかけて生地を寝かせる（30分以上）。
2. ①を約5gずつ48等分にする。生地を丸くして中央に指で穴をあけ、指先で生地をころころしながら、均等な太さのリング状にのばしていく。このとき、乾きやすいので、生地には固く絞った濡れぶきんをかぶせて作業する。
3. 塩を入れたたっぷりのお湯に②を入れて、12～15分ゆでる。箸でリングの形をととのえながらゆでるのがポイント。
4. お湯をきってからボウルに入れて、菜種油をからめる（24個で小さじ2の油が目安）。

未来食ショップ つぶつぶ

雑穀の通販なら「つぶつぶ」をご利用ください。
「つぶつぶ」は、これまで約30年の普及活動を経て、
農薬不使用のおいしい国産雑穀を皆様のご家庭にお届けしています。

つぶつぶ雑穀1カップシリーズ

1カップシリーズはここが違う！おいしさの秘密

国産、農薬不使用
安心の国産、農薬不使用。真心をこめて育てられた雑穀は、おいしさが違います！
※国内生産量の少ない「キヌア」「ラギ粉」「アマランサス」のみ、海外産の有機栽培のものも取り扱っています。

顔が見える
つぶつぶの活動に賛同している生産者「つぶつぶ栽培者ネット」の雑穀、または顔の見える地域団体の雑穀です。

使いやすい量
1袋は、レシピにあわせた1カップサイズ。雑穀は炊くと2〜3倍に増えるので、1カップで約10人分です。

最後にここがポイント！
生産者も、販売しているスタッフも、つぶつぶのレストランでも、この雑穀を毎日おいしい♪おいしい♪と食べています。

お買い求めは
おいしい雑穀専門店　未来食ショップ　つぶつぶ
未来食ショップつぶつぶ　検索　www.tsubutsubu-shop.jp

私たち未来食ショップつぶつぶでは、つぶつぶグランマゆみことその仲間たちが、
日々の暮らしの中で実際に使用しているものだけを販売しています。どれも妥協なく選び抜いた逸品です。

TUBU TUBU - INFORMATION -

Shopping

つぶつぶ雑穀おかずをつくる、おいしい雑穀専門 通販サイト

未来食ショップ つぶつぶ

https://www.tsubutsubu-shop.jp　オンラインショップ

Lessons

経験豊富な公認講師から つぶつぶ雑穀料理の技を習える
雑穀 × ビーガン × おいしい料理レッスン＆セミナー

つぶつぶ料理教室

https://tubutubu-cooking.jp　全国各地

レッスンで使う食材はすべてオーガニック＆ナチュラルを基準に
乳製品・卵・砂糖・動物性食品・添加物不使用です。

３６５日毎朝届く！
無料レシピメルマガ 配信中！

毎日の「食べる」が
楽しくなる料理や
食べ方のヒント付き。

http://go.tubu-tubu.net/recipemail_gbook

雑穀 × ビーガン × おいしい！
肉・魚・乳製品・卵など動物性食品不使用、砂糖不使用、添加物不使用の
未来食つぶつぶレシピ３０００種類の中から厳選した、季節の野菜料理、
雑穀料理、ナチュラルスイーツレシピなどを毎日お届けします。

つぶつぶ入会案内

会員限定クーポンがもらえたり、各種イベント・セミナーに参加できます。
≫ご入会はこちら　https://www.tsubutsubu.jp/kaiin

おわりに

　ある日、大好きな麺やパスタにつぶつぶ雑穀で作ったおかずをからめてみたら、野菜とは比べものにならないコクと風味が生まれて、感動しました。
　大好きな麺と大好きなつぶつぶごはんを一度に食べられる、革命パスタの誕生です。
　どんどんイメージがわいて、まずは人気のイタリアンソース各種をつぶつぶ雑穀で作ってみたら、これがまた、いけるいける。臭みのない、うま味のつまったチーズ風味を楽しめる、簡単に作れて魅力的な本格イタリアンつぶつぶソースが生まれました。
　そのうち、「そういえば、フェットチーネって日本のきしめんと同じ」「極細パスタのカッペリーニはそうめんみたい」「北イタリアのパスタはそば粉で作られているなら、日本そばでもイタリアンができるんじゃない」などなど、世界の麺の境界がどんどん崩れていきました。
　今回ご紹介した6種類の麺は、長年のチャレンジの中で残ってきた、わが家の食卓の人気者たちです。つぶつぶソースと多彩な麺のコンビネーションを楽しむミラクルパスタワールド！
　あなたも創造的な食の世界の冒険を、楽しんでみませんか！

大谷ゆみこ

大谷ゆみこ（おおたに・ゆみこ）
暮らしの探検家・食デザイナー

雑穀料理専門誌「つぶつぶ」発行人。雑穀に「つぶつぶ」という愛称をつけ、数千点におよぶ「つぶつぶベジタリアン」レシピを創作。雑穀料理を通して本当の食べものを取り戻す術と考え方を「ピースフード（未来食）」として提唱している。山形県小国町にあるエコロジーハウス「いのちのアトリエ」を生活の拠点とし、代表を務める「ピースフードアクションnet.いるふぁ」では、"私が変わる・暮らしが変わる・地球が変わる"をテーマに、持続可能な食と暮らしへの転換を目指して、多くの活動を行っている。著書に『雑穀つぶつぶ食で体を変える』（講談社）、『未来食』『野菜だけ？』（メタ・ブレーン）など多数。
http://www.tsubutsubu.jp

つぶつぶ雑穀パスタ
野菜＋雑穀のおいしさが味わえる驚きのパスタソース術

2008年7月28日　初版発行
2021年1月29日　3刷発行

著者　　大谷ゆみこ

デザイン　　原圭吾（SCHOOL）、山下祐子
撮影　　　　沼尻淳子
調理協力　　郷田未来、橋本光江、池田義彦、河井美香
協力　　　　いるふぁ未来食研究会

発行者　　佐久間重嘉
発行所　　株式会社 学陽書房
　　　　　東京都千代田区飯田橋1-9-3　〒102-0072
　　　　　営業部　TEL03-3261-1111　FAX03-5211-3300
　　　　　編集部　TEL03-3261-1112　FAX03-5211-3301

印刷・製本　文唱堂印刷

ⓒYumiko Otani 2008, Printed in Japan
ISBN978－4－313－87127－4　C2077

乱丁・落丁本は、送料小社負担にてお取り替えいたします。
定価はカバーに表示してあります。

学陽書房の好評既刊！

大谷ゆみこの「つぶつぶ雑穀」シリーズ

**野菜＋雑穀で作る
簡単おいしいナチュラルレシピ**

つぶつぶ雑穀スープ

手軽な一鍋クッキングで簡単に作れてしまうつぶつぶ雑穀スープは、自然のうま味と栄養がいっぱい！ 大地のエネルギーにあふれた毎日食べたい大満足のおいしさです。

A5判並製88頁　定価＝本体1500円＋税

**甘さがおいしい
驚きの簡単スイーツレシピ**

つぶつぶ雑穀甘酒スイーツ

雑穀ご飯から炊飯器で簡単に作れる繊維とミネラルたっぷりの甘酒を使って楽しむNOアルコール、NOシュガーの100％ナチュラルスイーツ。各種和洋菓子やアイスクリームなど一挙大公開。

A5判並製80頁　定価＝本体1500円＋税

**野菜と雑穀がおいしい！
簡単炊き込みごはんと絶品おかず**

つぶつぶ雑穀ごちそうごはん

炊飯器にいつものごはんと雑穀、野菜を入れてスイッチ、ポン！ そのままでメインディッシュになるふっくらおいしい新感覚の炊き込みごはんのレシピ集。残りごはんの活用レシピも収録。

A5判並製80頁　定価＝本体1500円＋税

**砂糖、卵、乳製品なしがおいしい
100％ナチュラルレシピ**

つぶつぶ雑穀粉で作るスイーツとパン

香ばしい！ しっとりしている！ コクがある！ 雑穀粉があれば、いつものおやつやパンが大変身。体にやさしい、安心の甘さとおいしさで、甘いものへの我慢や不安ともさようなら！

A5判並製88頁　定価＝本体1500円＋税

**毎日食べたい！
からだの元気を引き出す簡単おかず**

つぶつぶ雑穀おかず

一鍋で3度楽しめる、雑穀それぞれの多彩な個性を生かした創作おかずレシピの決定版。コロッケやオムレツ、ミートボールなど、雑穀と植物性の素材だけなのに感動のおいしさ！

A5判並製96頁　定価＝本体1600円＋税

**野菜＋雑穀のおいしさが味わえる
驚きのパスタソース術**

つぶつぶ雑穀パスタ

簡単で、おいしくて、体の元気を引き出してくれる、つぶつぶ流絶品パスタソースレシピ誕生！ 本格イタリアンから和風、アジアンまで、野菜たっぷりの驚きのレシピが満載です。

A5判並製80頁　定価＝本体1500円＋税

**野菜と和素材がベースの
体にやさしい絶品中華料理レシピ**

つぶつぶ雑穀中華

高キビを使った麻婆豆腐、もちキビを使ったふわふわあんかけ、ヒエを使ったチリソース……ヘルシーなのにボリューム満点、一度食べたらやめられないおいしさで、家族みんなが大満足！

A5判並製96頁　定価＝本体1600円＋税

**野菜がたっぷり食べられる
毎日のヘルシーレシピ**

つぶつぶ雑穀お弁当

雑穀から生まれる卵風や挽肉風、白身魚や練りもの風のおかず……おいしくて、栄養もボリュームもたっぷりなのに、体はスッキリ！ まとめ調理で作れる野菜いっぱいの絶品お弁当レシピ初公開。

A5判並製92頁　定価＝本体1600円＋税

**メインディッシュにもなる
簡単ナチュラルレシピ**

つぶつぶ雑穀サラダ

腸はスッキリ元気、お肌はツルツル、からだの中からキレイに！ しっかり栄養補給できて、デトックス効果も期待できるやさしいおいしさのパワフルな雑穀サラダ＆ドレッシングの簡単レシピ集。

A5判並製88頁　定価＝本体1500円＋税